KB102960

美 대학 장학금 받거나, 아시아 유럽 대학 저렴하게 가는 법

가난한 아빠, 세계 명문대 학부모 되기

美 대학 장학금 받거나, 아시아 유럽 대학 저렴하게 가는 법

가난한 아빠, 세계 명문대 학부모 되기

이강렬 지음

edu북스

차례

chapter 03 미국 명문대, 어떻게 저렴하게 갈까?

chapter 04 가난한 아빠, 미국 명문대 학부모 되기

chapter 05 유럽·아시아 대학, 영어로 간다

Tip

표 & 그림

부록

『가난한 아빠 미국 명문대 학부모 되기』(황소자리 출간) 책을 쓴 후 많은 시간이 흘렀다. 많은 분들이 이미 절판이 된 '가난한 아빠' 책을 찾으셔서 늘 죄송했다. 어떤 분들은 상담 중에 농담으로 "박사님 책을 보고 아이를 미국에 유학 보냈으니 박사님이 우리 아이를 책임지세요"라고 말씀하는 분들도 계셨다.

한국의 젊은 청년들에게 경제적으로 어려워도 능력과 의지만 있으면 세계 명문 대학으로 유학 가서 글로벌 리더로 클 수 있는 길을 열어주자는 생각으로 지난 봄, 새로 책을 쓰기로 했다. 그러나 상담과 강의에 쫓겨 시간이 지체됐다. 필자가 언론계를 떠나 교육 분야에 몸 담으며 늘 생각하는 글귀가 "꿈은 그 꿈을 꾸는 사람의 것"이란 말이다. 또한 경제적 이유 때문에 유학을 망설이는 학생들에게 "가난하다고 꿈조차 가난할 수 없다"고 격려해 왔다.

이 책은 넓은 세상, 즉 해외로 유학을 가고 싶으나 경제적 이유 때문에 망설이는 능력있는 학생들을 위한 것이다. 필자는 지난 2003년 국내에 최초로 미국 대학의 학자금보조(Financial aid)란 제도를 소개했다. 이는 성적우수장학금과 달리 가난한 가정의 학생이 미국 대학의 학비 보조를 받는 제도다. 미래교육연구소 도움을 받아 미국 대학에서 학자금보조를 받고 경제적 어려움 없이 공부한 한국 국적의 학생이 벌써 수백 명이나 된다. 아직도 많은 한국 학부모들은 미국 대학 학자금보조 제도 대상이 오직 미국인이라고 생각한다. 사실과 다르다. 필자는 매년 40억 원 이상의 학자금보조를 미국 대학에서 공부하려는 가난한 한국 학생들에게 받아주고 있다.

최근 유학의 새로운 트렌드가 생기고 있다. 학비가 비싼 미국 대학을 넘어 아시아, 유럽 대학으로 대상이 확대되고 있다. 미국 대학보다 학비가 상대적으로 저렴하고, 독일 같은 경우는 유학생에게도 학비가 없다. 거의 경제적 부담 없이 유학을 갈 수 있는 기회가 많아졌다. 그러나 이런 정보가 아직은 제한적이다. 많은 사람들이 모른다.

필자가 이번 책을 쓰는 동안 미래교육연구소의 많은 분들이 수

고를 했다. 연구소 경영 책임자인 김영미 대표와 원고를 정리하고 수정해준 변지애 실장의 수고가 컸다. 미래교육연구소 학자금보조 담당 컨설턴트인 정선아 팀장은 관련 재정보조 자료를 정리하고 챕터 4장의 일부 원고를 작성해 주었다. 그 외 강태경 실장, 정새별, 홍미영 팀장도 관련 자료를 찾고 도표를 만드는 수고를 아끼지 않았다. 무엇보다 이 책의 발행 전체를 책임진 김성원 실장의 노고가 누구보다 컸다. 모두에게 감사를 드린다.

이 책이 밝은 미래를 꿈꾸는 이 땅의 능력 있는 젊은이들에게 밤바다를 인도하는 등대, 모르는 길을 가는 사람의 길을 안내하는 내비게이션이 되어주기를 소망한다.

미래교육연구소장 이 강 렬

미국 리버럴 아츠 칼리지에서 구글에 입사하기까지

저는 미국 고등학교를 졸업하고 UC 계열 대학에 진학을 했습니다. 그러나 6년 전 경제적으로 어려워지고 심적 갈등을 겪으면서 유학을 그만두려고 했습니다. 그 시기에 우연히 미래교육연구소를 알게 되어 연구소의 도움으로 편입을 통해 장학금을 받게 되었고 경제적 어려움을 극복하고 다시 공부를 계속했습니다.

저는 미래교육연구소 컨설팅을 통해 UC 계열 대학에서 리버럴 아츠 칼리지인 로렌스대학으로 옮겨 학비 전액에 가까운 학자금 보조(Financial Aid)를 받고 공부를 했고, 졸업 후 바로 구글에 입사하여 광고기술팀에 재직한 지 어느덧 3년차가 됐습니다.

겉으로는 안정적인 유학생활을 보낸 것 같지만 미래교육연구소와의 만남이 없었더라면 결코 지금과 같은 생활을 누리지 못했을 것이라는 생각이 들 만큼 제 유학생활은 순탄치 않았습니다. 미디어에 비춰지는 유학은 화려하지만 실제로 많은 유학생들이 저처럼 경제적으로나 심적으로 고단한 생활을 합니다.

이렇게 경제적 어려움으로 유학을 계속 해야 할 것인가를 고민하는 학생들과 그 학부모님들에게 이 책을 추천합니다.

저 또한 당시 가장 절실했던 경제적 문제를 미래교육연구소를 통해 학자금 보조로 해결했습니다. 그러나 비단 미국 대학 장학금이라는 경제적인 이유만으로 이 책과 미래교육연구소를 추천하는 것은 아닙니다. 미래교육연구소는 학생분들께 합리적인 교육 컨설팅을 통해 올바른 목표를 설계해 주는 신뢰할 수 있는 기관입니다.

창의적 사고를 길러주고 인성을 강조하기보다 성적 위주로 줄 세우고 점수에만 목매는 성적지상주의의 한국 교육 방식을 여전히 쫓아가는 많은 유학생들과 학부모들을 봅니다. 또한, 많은 유학생들과 학부모들은 학비 대비 미래의 안정성과 전공 선택보다 대학 랭킹에만 관심을 가지기도 합니다. 이러한 생각들은 미국 대학을 선택하는 데 있어서 잘못된 접근 방식이라고 생각합니다. 혹 학생 및 학부모님들께서 이제까지 이러한 잘못된 접근 방식을 가지고 있었다고 하더라도 미래교육연구소가 그 시각들을 교정하고 올바른 길을 제시해 줄 것입니다.

끝으로, 많은 독자분들이 제 추천사를 읽으시고 저의 현 직장인 구글에 관심을 가지실 것이라고 생각합니다. 저는 유학생활을 통해 의미 있는 가치를 얻었고 졸업 후 경제적 안정성까지 이뤘다고 스스로 만족합니다. 이렇게 졸업 후 커리어까지 성공적으로 이끌게 된 데는 유학생활의 방향성이 올바르게 되었기 때문이라 생각합니다. 저는 특정 회사 취업 및 학교 순위만을 목표로 유학생활을 하기보다는, 자신에게 맞는 학교 및 환경을 찾아 학업적 성취를 이루었습니다. 더불어 미국인들의 삶에 함께 젖어 들어 그들의 생활 방식과 문화를 익히는 과정을 추구하다 보니 저만의 색깔을 갖게 되었습니다. 결과적으로 구글을 비롯한 많은 우수한 글로벌 기업들로부터 콜을 받게 되었습니다. 이러한 제 삶의 변곡점에 미래교육연구소가 있었습니다. 저는 비슷한 어려움을 겪고 있는 많은 학생들과 그 부모님들께 제 경험을 공유하는 차원에서 미래교육연구소 이강렬 소장님께서 집필하신 이 책과 미래교육연구소를 추천합니다.

권영훈·구글 광고기술팀

미래교육연구소 통해 두 딸을 미국 명문대 전액 장학생으로 유학 보내다

저는 청년들을 위한 별처럼빛나는교회를 개척하여 섬기고 있는 라원기 목사입니다. 미래교육연구소의 이강렬 소장님께서는 우리 아이들의 학업에 큰 도움을 주셨습니다. 그래서 제 경험담을 소개해 달라는 요청을 받고 부족하지만 감사의 마음을 담아 짧은 글을 쓰게 되었습니다.

저희 교회는 개척한 지 10년이 조금 넘었지만 청년들이 중심이 된 교회이다 보니 아직까지 재정적으로 넉넉하지 않아 저도 많은 사례비를 받지 못하고 있는 형편입니다. 그런데 첫째딸 아이가 고등학교 다니던 어느 날, 제게 미국에서 대학을 다니고 싶다고 말했습니다. 아이가 영어는 누구 못지않은 실력을 지니고 있었기에 한국에서 대학을 다니기에는 좀 아깝다는 생각은 하고 있었지만 막상 미국으로 학교를 보낸다고 생각하니 엄청난 재정적 부담에 눈앞이 캄캄해지는 것을 느꼈습니다.

그래도 아이 앞에서 돈이 없다는 이유로 아이의 꿈을 꺾을 수는 없었기에 같이 기도하며 방법을 찾아보자고 이야기했습니다. 그래서 목사로서 기도도 열심히 했지만 하나님의 도우심을 구하며 인터넷에서 리서치를 했습니다. 그러다가 우연히 이강렬 소장님이 만드신 미래교육연구소를 알게 되었습니다.

알고 보니 소장님은 제가 과거에 관심을 가졌던 『가난한 아빠 미국에서 아이 공부시키기』라는 책을 쓰신 분이었습니다. 그래서 제가 아이를 데리고 가서 상담도 받고 진로 지도도 받아 보았습니다. 그 결과 소장님을 중심으로 미래교육연구소에서 아이의 적성과 성적에 맞는 학교를 추천해 주어서 미국의 휘트먼대학교(Whitman College)에 진학을 하게 되었습니다.

이 학교는 한국에서는 그렇게 많이 알려져 있지는 않은데 소장님 말씀으로는 UC버클리 정도의 좋은 학교라고 했습니다. 이 학교 영문과에 진학을 하였는데 학비, 기숙사비, 책값까지 해서 4년간 지원을 받았습니다. 그래서 학비와 생활비 문제가 깨끗이 해결되었습니다. 4년 동안 받는 금액을 한국 돈으로 환산하니 대략 2억 5천만 원 정도가 되었습니다.

지금 아이는 4학년인데 공부를 잘하고 있고 얼마 전에는 영국

옥스퍼드대학교에 교환학생으로 선발이 되어 두 학기 공부를 마치고 와서 대학원 진학을 준비하고 있습니다. 또한 최근에는 미국 그레이슨(Grayson)출판사에서 주최하는 대회에 '시 부문' 대상을 받아서 『Book of Untranslatable Things』라는 제목으로 자신의 책을 출판하게 되었습니다.

출판사에서 전액을 지원하여 준 덕분에 부담 없이 책을 출판하게 되었고, 현재 미국 아마존에서 판매하고 있습니다. 원래 아이는 작가가 되고 싶어 했는데 본인이 원하던 꿈에 한 발짝 다가간 것 같아서 참으로 감사한 마음입니다. 이 모두가 미국에서 공부하지 않았으면 누리지 못했을 축복입니다.

언니가 길이 열리는 것을 보고 둘째 딸도 저에게 미국 대학을 가고 싶다고 이야기를 했습니다. 그래서 둘째도 미래교육연구소의 도움을 받아 장학금 신청에 필요한 서류를 작성하여 도전을 하여 미국에서 리틀 아이비로 알려진 터프츠대학교(Tufts University)에 합격이 되었습니다.

감사하게도 둘째도 언니처럼 전액 장학금이 나왔습니다. 이강렬 소장님도 깜짝 놀라며 정말 그 학교가 줄 수 있는 최대한의 금액을 받은 것이라고 하면서 하나님이 도와주신 것 같다고 이야기해 주었습니다. 둘째가 4년간 받는 금액도 2억 5천만 원 정도 됩니다. 현재 아이는 3학년에 재학 중이고 교내 영자 신문사와 보스턴 지역 신문사에서 기자로 글을 쓰면서 자신의 꿈을 펼쳐 나가고 있습니다. 이 모든 것이 미래교육연구소 이강렬 소장님이 친절하게 아이들의 진로를 상담해 주시고 또 장학금을 받는 데 필요한 서류를 잘 작성할 수 있도록 도와주신 덕분입니다. 이 자리를 빌어 다시 한번 감사의 말씀을 드립니다.

"가난하다고 꿈조차 가난할 수는 없다"라는 말이 있습니다. 그렇습니다. 저도 아이들을 대학에 보내면서 아무리 가난하더라도 꿈을 포기하지 않고 문을 두드리고 또 좋은 분들을 만나 도움을 받게 되면 꿈을 이룰 수 있는 길은 반드시 있다는 사실을 알게 되었습니다. 두 아이를 유학 보내는 데 드는 돈이 총 5억이라고 볼 때 제가 이런 도움을 받지 않았다면 저의 집 형편으로서는 도저히 아이들의 꿈을 이루어 줄 수 없었다고 생각하면 아찔한 마음이 듭니다. 그러나 동시에 아이들이 열심히 노력하고 미래교육연구소의 축척된 좋은 정보들을 잘 활용하면 얼마든지 길이 열릴 수 있다는 사실 또한 알게 되었습니다.

이 글을 읽으시는 분들도 가정의 형편 때문에 미리 절망하지 마시고 스스로 최선을 다해 준비하며 이강렬 소장님의 도움을 받아 보시기 바랍니다. 뜻이 있는 곳에는 반드시 길이 있습니다. 그리고 공부하고자 하는 한국 학생들을 위해 이런 쉽지 않은 길을 개척하여 좋은 정보와 자료들로 학생들의 꿈을 이루게 도와주시는 소장님께는 정말 좋은 일 하신다고 다시한번 말씀드리고 싶고, 국가적으로도 이런 분은 좀 알아주어야 하지 않을까 하는 생각도 합니다. 제 짧은 글이 도움이 되었기를 바라며 이만 마칩니다. 감사합니다.

라원기·별처럼빛나는교회 목사

chapter 01

한강 잉어 될래, 태평양 고래 될래?

한강 잉어 될래, 태평양 고래 될래?

교육은 인물을 키웠고, 인물은 역사를 바꿨다

꿈은 그 꿈을 꾸는 사람의 것이다. 인도 중앙은행 수석경제보좌관을 지내고 현재 푸네대학 총장인 나렌드라 자다브는 인도의 불가촉 천민 출신이다. 그는『신도 버린 사람들』이란 책의 저자로 우리에게 익숙한 인물이다. 인도에서 불가촉 천민이란 카스트 제도 아래서 최하층 사람들보다 더 못한 대접을 받는 하리잔(harijan)을 가리키는 말이다. 그런 불가촉 천민 출신 자다브가 미국 명문 주립대학인 인디아나대학에서 경제학 박사 학위를 받고 국제통화기금 자문관을 거쳐 현재 푸네대학 총장으로 있다. 불가촉천민인 그가 어떻게 인도 최고 지성 자리에 오를 수 있었을까?

그것은 자다브 총장 아버지가 갖고 있는 확고한 자녀 교육관 때문이었다. 그는 하리잔인 자기 아들을 지옥의 땅에서 탈출시키는 길은 교육밖에 없다고 생각했다. 자다브 아버지는 어느 날 밤 자다브를 포함한 가족을 이끌고 불가촉 천민 집단에서 야반 도주를 해 대도시로 나온 뒤 아들을 미국으로 유학 보냈다. 이 이야기는 그의 저서『신도 버린 사람들』에 나온다.

한국 근대사를 이끈 여러 선각자 중에서 불우한 자신의 가정환경을 교육으로 극복하고 신분 상승한 이들이 많다. 연희대학교(연세대학교 전신) 총장과 문교부 장관을 지낸 백낙준 박사는 평안북도 정주의 가난한 농부 아들이었다. 그는 평생 가난한 농사꾼이 될 형편에 놓였으나 미국 선교사의 도움으로 홍콩을 거쳐 미국으로 건너가 1916년 예일대학교에 유학, 한국 최초 예일대 박사가 되었다. 그 외에 고하 송진우, 고당 조만식, 가인 김병로, 해공 신익희, 이승만, 이기붕 등 한국의 근대사에 등장하는 인물 상당수가 해외에서 공부하고 돌아온 유학파다.

첫 흑인 미국 대통령이 된 버락 오바마 대통령과 그 부인 미셸, 그리고 부시 대통령 밑에서 첫 흑인여성 국무장관을 지낸 콘돌리자 라이스도 그 부모들의 헌신적인 자녀 교육에 대한 열정이 없었다면 할렘가에서 세상을 비관하며 불행한 삶을 살았을지 모른다. 교육이 그들을 바꿔놓았고, 그들은 세상을 바꿔 놓았다.

우리나라가 일본의 36년간의 식민지배에서 벗어나자마자 6.25 전쟁의 참화를 입고 국민소득 100달러도 안 되는 최빈국에서 60

여 년 만에 세계 경제 강국의 대열에 서게 된 것은 전적으로 교육 덕이다. 1960~70년대 논밭 팔아서 자녀들을 공부시킨 이 땅의 부모들의 공로다. 세계적인 경제 컨설턴트인 오마에 겐이치는 그의 저서 『Next Global Stage』에서 '오직 교육이다'라며 교육의 중요성을 역설하고 있다.

그런데 현재 한국 교육제도와 교육 환경으로는 대한민국이 더 이상 국가발전의 동력, 추진력을 얻을 수 없을 것이라는 의견이 많다. 한국이 과연 향후 경제협력개발기구(OECD) 세계 10위권 경제 대국 자리를 계속 지킬 수 있을 것이냐에 대해 회의적 시각도 존재한다. 21세기 글로벌 지식 기반 경제에서 국가 경쟁력을 높이기 위해서는 교육과 연구를 통해 차별화된 지식을 창출하고 창의적 사고와 능력을 가진 인재들을 길러내야 함에도 한국의 교육은 많은 문제를 갖고 있다. 한국 교육은 '우물 안 개구리'를 기르는 수준에 머물러 있다. 창의성을 길러주지 못하는 천편일률적 암기식 교육이란 비판에 직면한 지 오래다. 이미 공교육은 무너진 지 오래됐고, 사교육은 창의적이지도 못하면서 비싼 비용으로 가정 경제를 어렵게 만들고 있다.

이런 상황 속에서 생각하게 되는 것이 글로벌 교육, 해외 교육이다. 필자는 10년 전 연봉 5천만 원이 안 되는 '가난한 아빠'로 두 아이를 미국에서 공부시켰다. 한국 교육 환경과 시스템 그리고 교육 콘텐츠가 21세기 인재들을 키우기에는 매우 미흡하다는 인식을 가졌기 때문에 모험을 할 수 있었던 일이다. 그러나 지금 생각해도 잘한 선택이었다고 생각한다.

교육, 그 가운데 해외 교육은 글로벌 수준의 학문과 기술을 배우는 수단이자 넓은 세계로 가는 길이다. 교육은 상층 구조로 올라갈 수 있는 유일한 희망이다.

한국 유학 역사는 오래됐다

과거에 자녀를 해외유학 보낸다는 것은 경제적으로 부유한 이들에게만 가능한 일이었다. 그러나 이제는 '성공하는 자녀 교육'을 꿈꾸는 보통 부모들도 선택하는 교육 방법이 됐다.

한국은 세계적으로 자녀에 대한 교육열이 뜨거운 나라다. 그만큼 해외 유학의 역사도 길다. 우리의 해외 유학 역사가 정확하게 언제부터 시작됐는지 알 수 없으나 적어도 1천 년 이상 된 것은 확실하다. 1천 년 전 고구려, 백제, 신라의 젊은이들은 중국 당나라까지 수천리 길을 걷거나 배 타고 유학을 갔다. 당시 유학은 목숨을 건 모험이요, 도전이었다. 중국에서 고구려, 백제, 신라 세 나라를 오가던 사신들조차 배로 서해를 건너다가 태풍에 휩쓸려 죽는 일이 허다했다. 그럼에도 한국의 유학 역사는 기록으로 나타난 것만 봐도 6세기 말 삼국시대까지 거슬러 올라간다. 지금은 미국, 영국, 독일 등 서구 나라가 대세이지만 삼국시대에 세계 최대 문명국은 중국이었다. 그 길을 연 사람들은 바로 승려들이었다. 그 다음으로 신라 귀족들과 6두품 자녀들이 유학을 떠났다.

기록에 남아 있는 한국 조기 유학의 원조는 신라 문성왕(서기 839~857) 때 12세의 나이에 당나라로 유학을 떠난 고운 최치원 선생이다. 이때 많은 신라 젊은이들이 신분을 가리지 않고 당나라로 유학을 떠났다. 일본, 유구, 발해, 베트남 학생들도 중국으로 유학을 왔다. 특히 신라 6두품들은 당나라로 유학을 가서 외국인들을 대상으로 하는 빈공 진사과라는 과거를 통해 신분 상승의 기회를 얻었다. 최치원 선생도 6년간 공부를 하여 18세의 나이에 빈공 진사과에서 장원을 해 중국에 그 이름을 날렸다.

이런 해외 유학 전통은 계속 이어져 2016년 현재 약 22만 3908명의 한국 학생들이 세계 여러 나라 대학에서 공부를 하고 있다. 전 세계 가장 많은 유학생들이 공부하는 나라는 미국이다. 2016~17년 통계를 보면 유학 강국 한국의 모습이 보인다. 미국 내 해외 유학생 수를 국가별로 보면 ▲1위 중국 35만 755명 ▲2위 인도 18만 6267명 ▲3위 한국 5만 8663명 ▲4위 사우디 5만 2611명 등이다. 한국 유학생은 미국 전체 유학생의 7%를 차지하고 있다. 그러나 인구 대비 유학생 수를 보면 한국이 여전히 1위다.

그런데 2007년을 기점으로 미국 내 한국 유학생 수가 점차 감소하고 있다. 가장 큰 문제는 비용이다. 또 다른 문제는 우리 사회에 생긴 유학에 대한 부정적 시각이다. 그러나 여전히 유학은 상층 구조로 올라가는 사다리다.

한강 잉어 될래, 태평양 고래 될래?

'코이'라는 비단잉어는 재미있는 속성을 가졌다. 이 물고기는 서식 환경에 따라 자신의 몸 크기를 조절한다. 좁은 어항에서 키우면 8㎝, 연못에서 키우면 40-60㎝, 넓은 강에서 키우면 1m 20㎝ 이상 자란다고 한다. 인간은 코이보다 더 환경의 영향을 받는다. 우리 속담에 '말을 낳으면 제주로 보내고, 사람을 낳으면 서울로 보내라'는 말이 있다. 큰 그릇의 인재를 만들려면 넓은 세상에서 키우라는 뜻이다.

2016년 기준 약 22만 3908명의 한국 학생들이 세계 여러 나라 대학에서 공부를 하고 있다. 유학 대상국을 나라별로 보면 다음과 같다. ▲중국 6만 6672명 ▲미국 6만 3710명 ▲영국 1만 1885명 ▲호주 1만 6251명 ▲일본 1만 5279명 등이다. 2016년을 기점으로 중국 유학생이 미국 유학생보다 많아졌다. 한편, 미국 내 한국 유학생 수는 점차 감소하고 있다. 미국 내 유학생이 줄어든 나라는 한국과 멕시코, 사우디아라비아 등 세 나라다. 도널드 트럼프 미국 대통령이 히스패닉과 아랍계에 대해 적대적 감정을 드러내면서 멕시코와 사우디아라비아 유학생이 줄어들었다.

한국 유학생들 감소는 복합적인 요인들이 작용하고 있다. 많은 한국인들은 '유학'(留學)이란 말에 거부감을 갖고 있다. 머물며 공부를 한다는 의미가 요즘에는 유학(遊學), 즉 놀면서 공부한다는 개념으로 바뀌었기 때문이다. 사람들은 ▲해외 유학은 비용이 많이 든다 ▲ 졸업 후 현지 취업도 잘 안 된다 ▲ 유학은 필요한 인맥을 만들지 못한다는 생각으로 자녀의 해외유학을 꺼리게 됐다. 최근 일부 언론들이, 해외 유학생들이 공부를 마치고 돌아와도 국내 유수 기업에 취업이 어렵다고 앞다퉈 보도를 하면서 유학 분위기를 더 싸늘하게 만들었다. 이를 반영하듯이 유학반을 두었던 국내 특목고가 대거 유학반을 줄이거나 없앴다. 그렇다면 과연 국내 대학들이 글로벌 스탠더드 인재를 길러낼 능력을 갖추고 있는가?

필자는 해외 한국인 유학생이 감소하는 지금이 유학을 떠날 때라고 생각한다. 유학 비용은 국내대학 학비보다 비싸지만 이를 해결할 방법은 얼마든지 있다. 교육은 꿈을 만들고, 꿈은 기적을 만든다. 필자는 그 가능성이 국내 교육보다 해외 교육에 있다고 생각한다.

한국 교육의 현주소

우리 교육에 대해 생각해 본다. 2017년 5월 1일자 조선일보는 '교육비 투자 OECD 8위, 한국 교육 시스템 질은 75위'라는 기사를 통해 한국은 교육에 돈을 많이 쓰고 있으나 교육의 질과 인재 수준은 경쟁국에 밀린다고 보도했다. 한국은 교육에 국내 총생산(GDP)의 5.9%를 투자하고 있다. 이는 OECD 국가 가운데 8위에 달하는 수치로, 일본 4.5%, 독일 4.3% 보다 높고 대학 진학률은 그리스에 이어 세계 2위다. 그럼에도 세계경제포럼(WEF)이 평가한 한국 교육의 질은 세계 138개국 가운데 75위로 미국, 독일 등 교육 선진국에 비해 한참 뒤진다.

4차 산업혁명을 이끌 과학기술 인재 양성이 중요한데 한국은 지금 이 인력이 절대적으로 부족하다. 2014년 과학기술 분야 대학-대학원 졸업생은 12만 3000명으로 일본 15만 2000명, 독일 18만 2000명, 미국 46만 7000명보다 부족하다. 순수 과학기술 분야 인력은 3만 명으로 독일의 절반도 안 된다. 2016년 4월 조선일보는 서울 공대와 공동으로 한국 공과대학의 현실을 조명한 기획시리즈를 실었다. 그런데 그 내용이 충격적이다. 제목을 보면 "工學 과외 받으러 학원가는 한국 工大生", "학교에선 4년 내내 초급 수준 프로그램 활용법만 가르쳐", "공대 이론 수업에 치중, 산업 현장 흐름과 괴리 커" 등이다.

이 신문은 이어 "컴퓨터 공학과 출신이 프로그래밍도 못 해… 황당할 뿐", "기업들 工大선 뭘 가르치나", "미적분 등 기본 개념도 이해 못해", "전기공학과 나와도 회로 못 읽어 … 업무 지시를 하면 '그런 것 안 배웠다'"고 지적했다.

한국 공대의 현실을 소개한 마지막 기사 제목은 "서울大서 A+ 받는 방법은 교수 농담까지 녹음한 뒤 시험 때 그대로 적는 것 … 이런 현실이 창의성 막아"였다.

서울대 김형준 교수는 인터뷰를 통해 "서울대 공대에서도 학부생들은 반도체칩 한번 만들어 보지 못하고 칠판에서 이론 교육만 받고 졸업을 합니다. 기계를 본 적도 없고, 다뤄본 적도 없으니 당연히 기업에선 도대체 대학에서 뭘 배웠는지 모르겠다는 불만이 나오는 것"이라고 국내 대학 현실을 솔직히 털어놨다.

2018년 미국 '유에스뉴스 앤 월드 리포트'(유에스뉴스) 세계 대학 랭킹 자료는 앞서 소개한 조선일보 보도의 신뢰성을 뒷받침해 준다. 유에스뉴스는 세계 1250개 대학의 랭킹을 매겼다. 서울대는 국내 대학 1위이지만 세계 랭킹은 123위로 미국 그저 그런 주립대학보다 낮다. 이하 랭킹을 보면 2위 KAIST(198위), 3위 성균관대(200위), 4위 고려대(274위), 5위 포항공대(296위), 6위 연세대(307위), 7위 울산공대(392위), 8위 한양대(479위), 9위 경희대(526위), 10위 경북대(555위) 등이다.

반면 우리가 아는 미국의 보통 주립대학들조차 순위에서 서울대, 연·고대를 훨씬 앞지르고 있다. 그러나 미국 주립대학 학생들의 학업 수준은 국내 명문대 학생들보다 결코 뛰어나지 않다. 유에스뉴스의 월드 랭킹은 학생의 수준이 아닌 교수 수준을 보여주는 순위다. 논문과 저서를 통해 얼마나 우수한 연구 결과를 내놓았는가를 평가해 순위를 매긴다. 결국 미국 주립대학들이 국내 대학보다 학생들은 덜 우수하지만 교수들은 우수하다는 것을 보여준다. 이 랭킹은 시험지에 교수 농담까지 적어야 A 학점을 받는 국내 대학생들의 서글픈 현실을 그대로 반영하고 있다. 대학에서조차 암기식, 주입식 위주인 한국 교육으로는 글로벌 수준의 인재를 양성할 수 없고 무한경쟁에서 밀릴 수밖에 없다.

세계 공학·기술 분야 주요 대학

세계 공학 • 기술 분야 100위 내 주요 대학

순위	대학	국가
1	캘리포니아공과대(Caltech)	미국
2	스탠퍼드대	미국
3	옥스퍼드대	영국
4	메사추세츠공과대(MIT)	미국
5	케임브리지대	영국
7	싱가포르국립대	싱가포르
12	베이징대	중국
18	난양공대	싱가포르
19	홍콩과기대	홍콩(중국)
23	칭화대	중국
30	한국과학기술원(KAIST)	한국
32	서울대	한국
33	홍콩대	홍콩(중국)
35	도쿄대	일본
40	포항공대	한국
47	교토대	일본
51	성균관대	한국

한국 유학생 국가별 통계

주요 국가별 대학생 이상 한국 유학생 현황 (매년 4.1 기준, 단위: 명)

연도	미국	중국	영국	호주	일본
2015	68,105	62,923	13,002	14,303	16,374
비율(%)	31.7	29.3	6.1	6.7	7.6
2016	63,710	66,672	11,385	16,251	15,279
비율(%)	28.5	29.8	5.3	7.3	6.8

연도	캐나다	뉴질랜드	필리핀	기타	계
2015	10,964	3,097	1,004	24,924	214,696
비율(%)	5.1	1.4	0.5	11.6	100
2016	10,889	4,051	3,772	3,772	223,908
비율(%)	4.9	1.8	1.7	1.7	101.7

2016년 교육부 통계

해외 유학이 한국 교육의 문제를 해결할 수 있는 유일한 방법이라고 생각하지는 않는다. 해외 유학을 통해 글로벌 수준의 교육을 받을 수 있는 기회가 그만큼 많이 주어진다고 볼 수 있다. 자녀를 해외에 유학 보낼 때 정확한 정보가 필요하다. 정보는 경쟁력이다. 정확한 정보를 바탕으로 해외 유학을 떠나면 실패의 가능성이 그만큼 줄어든다. 국내 대학에 갈 것인가 해외로 나갈 것인가? 이는 선택의 문제다.

내 아이, 어느 나라로 유학 보낼까?

영국의 THE, QS, 중국 상해교통대학 등 여러 기관에서 세계 대학 평가를 내고 있지만 미국의 유에스뉴스가 가장 규모가 크다.

2018년도 유에스뉴스 랭킹에 오른 1250개 세계 대학 가운데 미국 대학이 221개로 가장 많다. 여기서 눈에 띄는 몇몇 대학이 있다. 미국 주립대학으로는 4위에 오른 UC버클리와 10위에 올라 있는 워싱턴대학(University of Washington)이다. 유에스뉴스가 미국 국내 대학만으로 평가하는 랭킹에서는 40위권 대학이지만 세계 대학 랭킹에서는 예일(10위), UCLA(11위), 시카고(12위)에 앞서고 있다. 왜 그럴까?

유에스뉴스의 대학 평가 기준이 다르기 때문이다. 세계 대학 평가 기준은 ▲세계적 연구실적 평판 ▲지역적 연구실적 평판 ▲출판물 ▲세계적 공동연구 ▲가장 많이 인용된 10%의 논문 수와 출판 비율 등 총 13가지 항목이다. 이 가운데 12.5%로 가장 높은 비율을 차지하는 것이 세계적 연구실적 평판, 지역적 연구실적 평판, 가장 많이 인용된 10%의 출판물 개수다. 미국 주립대학 순위를 보면 UC버클리 4위, 워싱턴대 10위, UCLA 13위, UCSD 15위, 미시간 앤아버 17위, UC산타바바라 28위 등이다.

일본 대학들은 어떨까? 일본 1위 대학인 도쿄대가 세계 랭킹 57위로 유일하게 100위권 안에 들었다. 123위인 서울대보다 랭킹에서 훨씬 앞섰다. 이어 교토대 114위, 오사카대 194위, 도호쿠대 204위, 나고야대 247위, 도쿄과기대 281위, 규슈대 316위, 와세다대 357위, 츠쿠바대 363위, 홋카이도대 370위 등이다. 한일 양국간 10위권 대학 세계 랭킹을 비교하면 일본이 앞서고 있다. 세계 랭킹에 들어 있는 상당수 일본 대학들은 G30 대학으로, 영어로 전공을 개설, 국제학생들을 받아들이고 있다.

중국 대학들의 약진도 눈에 띈다. 중국 대학 가운데 2곳이 100위 안에 진입했다. 칭화대(64위), 북경대(65위)다. 이어서 중국과기대(145위), 복단대(148위), 상해교통대(156위), 절강대(159위), 남경대(190위), 중산대(137위), 화중과기대(282위), 하얼빈공대(304위)다. 중국의 교육 굴기(屈起)가 보인다. 중국도 상위권 랭킹에 든 대학들이 영어 과정 전공을 개설해 놓고 있다.

독일 대학들은 100위 이내에 4개 대학이 들어 있다. 뮌헨대(40위), 하이델베르크대(59위), 뮌헨 공대(80위), 훔볼트대(87위) 등이다. 독일 대학 가운데 영어로 해외 학부 유학생들을 받아들이는 대학으로는 괴팅겐대(142위), 프라이부르크대(148위) 등이 있다.

전공 분야별로 대학 랭킹을 보면 우리가 일반적으로 알고 있는 것과 다른 랭킹이 나온다. 컴퓨터 사이언스를 보면 1위는 중국 칭화대(세계 랭킹 64위)다. 2위는 미국의 텍사스 오스틴대(32위), 3위 싱가포르의 난양공대(55위), 4위는 미국 MIT(2위) 그리고 5위는 싱가포르대(43위)다. 한국 대학에서는 카이스트가 38위, 이어서 서울대(85위), 성균관대(94위), 고려대(98위)가 차지했다. 컴퓨터 사이언스에서 100위 이내에 4개의 국내 대학이 포함됐다.

엔지니어링 전공 랭킹 1위는 컴퓨터 사이언스에 이어 중국 칭화대가 차지했다. 2위는 싱가포르대, 3위 미국 MIT, 4위 싱가포르 난양공대, 5위 미국 UC버클리가 각각 차지했다. 한국에서는 카이스트(45위), 서울대(61위), 고려대(125위), 한양대(151위), 포항공대(155위)다.

경제·경영학 분야는 미국 대학들이 휩쓸고 있다. 1위 하버드, 2위 MIT, 3위 스탠퍼드, 4위 유펜, 5위 UC버클리 순서다. 한국 대학을 보면 고려대(98위), 서울대(112위), 연세대(157위)였다.

수학 전공에서는 1위 프랑스 피에르마리큐리대학이다. 2위부터는 미국이 다시 휩쓸고 있다. 2위 스탠퍼드대, 3위 프린스턴대, 4위 MIT, 5위 UC버클리 등이다. 한국 대학은 성균관대(36위), 서울대(86위), 경상대(110위) 순이다.

노후 준비와 자녀 유학, 그 사이에서

한국도 고령화 사회에 접어든 지 오래다. 반면 은퇴 평균 연령은 53세를 넘지 않는다. 결국 은퇴를 하고 20년 이상을 직장 없이, 고정 소득 없이 생활해야 한다. 결혼이 늦은 사람들의 경우 은퇴할 나이가 되어도 자녀 교육이 끝나지 않는다. 상당수 사람들이 주택 구입과 자녀교육 때문에 목돈을 모으기가 쉽지 않다.

KB금융지주 경영연구소가 발표한 '노후 준비 지수로 살펴본 한국인 노후 준비 실태' 보고서에 따르면, 25~59세 가구의 노후 준비 지수는 100점 만점에 53.3점이다. 이 중 유자녀 가구(40.3)가 무자녀 가구(55.7)에 비해 15.4포인트 낮다. 자녀 양육·교육·결혼 비용에 대한 부담으로 본인들의 노후 준비가 취약한 것이다. 실제 40~50대 연령층은 지금까지 노후 준비 자금을 충분히 마련하지 못한 이유로 '자녀 교육비·결혼 자금'을 1순위로 꼽았다. 20~30대 연령층도 노후 준비의 걸림돌로 '과도한 자녀 양육비·교육비'를 꼽아 세대와 상관없이 '자녀에 대한 지출' 부담은 노후 준비의 최대 장애 요인으로 인식되고 있다.

국회도서관이 2012년 국회에 제출한 '우리나라 교육비 부담 현황' 보고서에 따르면 2009년 기준 자녀 한 명당 대학 졸업까지 드는 양육비는 평균 2억 7514만 원으로 나타났다. 자녀 1명에 대한 월평균 지출 중 교육비가 차지하는 비율은 대학교가 44.8%(64만 원)로 가장 높았다. 여기에 대학의 연간 교육비가 상승해 대학생

자녀의 교육비 부담이 커졌다. 2016년 국내 4년제 대학의 재학생에게 들어가는 교육비는 1485만 원으로 2015년에 비해 4.7% 늘어난 것으로 집계됐다.

만일 자녀를 해외에서 공부시킨다면 그 비용은 엄청나게 늘어날 것이다. 미국 사립대학에 보낸다면 학비+기숙사비+식비를 합한 비용은 연간 약 6~7천만 원으로 국내 대학에서 교육시킬 때보다 약 4배 정도가 더 든다. 만일 고등학교 때부터 미국에 유학을 시킨다면 한국에서 초등학교부터 대학교를 보낼 때 드는 자녀 한 명당 양육비는 평균 2억 7514만 원의 2배 이상 든다고 볼 수 있다. 노후 준비가 전혀 안 되는 상황에서 자녀를 해외로 보내 교육을 시킬 경우 노후 불행을 자초하는 일이 아닐 수 없다.

해외에서 자녀를 교육 시키는 가정이 모두 부유한 것은 아니다. 필자가 연봉 5천여만 원의 월급쟁이로 10여 년 전 미국에서 두 아이를 공부시키면서 힘들었던 경험은 『가난한 아빠, 미국에서 아이 공부시키기』와 『가난한 아빠 미국 명문대 학부모 되기』(황소자리 출판)에서 소개했다. 월급쟁이로 아이들을 10여 년간 미국에서 교육시키면서 뼈저리게 느낀 것은 연봉 1억 원 미만의 유학생 학부모들은 '부자 아빠'들을 따라하지 말라는 것이다. '부자 아빠'들처럼 연간 5천만 원 이상의 교육비를 썼다가는 불행한 노후를 맞을 수밖에 없다.

그렇다면 어떻게 할 것인가? 연봉이나 갖고 있는 재산으로 자녀 학비를 부담하기 어렵다면 장학금이나 학자금보조를 받아서 보낼 수 있을 것이다. 만일 외부 도움을 받을 수 없다면 학부모가 부담할 수 있는 한도 내의 대학을 찾아야 할 것이다.

전 세계에서 성적이 우수한 학생들에게 장학금을 주는 나라와 대학은 많지만 가난한 국제학생에게 성적 아닌 가정 경제 상황에 따라 학자금보조를 해 주는 나라는 미국이 유일하다. 미국에는 2800여 개의 4년제 대학이 있고, 이 가운데 국제학생에게도 재정 지원을 해주는 대학은 2018년 기준 776개다. '가난한 아빠'가 미국 대학에 자녀를 유학 보내려면 미국 대학들이 제공하는 학자금보조/재정 보조(Financial Aid)를 받아야 한다.

만일 미국 대학에서 학자금보조를 얻어내지 못할 경우 은퇴 후 노후가 불행해지지 않는 범위 내에서 부담이 가능한 대학을 찾아야 한다. 다시 말해 학비가 저렴한 대학을 찾아야 한다. 미국 대학들의 학비는 천차만별이다. 총비용이 연간 7만 달러를 넘어서는 비싼 대학이 있는 반면, 연간 1만 달러 수준의 저렴하지만 괜찮은 대학도 있다. 그래도 미국 대학 학비가 부담스럽다면 학비가 무료인 독일, 노르웨이나 학비가 저렴한 네덜란드, 핀란드 대학을 보내면 된다. 또한 학비가 상대적으로 저렴한 아시아의 중국, 일본, 홍콩, 싱가포르 소재 대학들도 고려해 볼만하다.

자녀 교육 때문에 노후 자금을 허물지 말라

가정 경제가 어려움에도 미국 명문 사립대학에 자녀를 입학시키려는 학부모들은 '어떻게든 합격만 하면 학비 문제는 해결되겠지' 혹은 '집이라도 팔아서 보내겠다'고 생각한다. 한국 학부모들의 교육열은 무모하기까지 하다. 일부 학부모들은 연간 1~2천만 원을 부담할 능력도 없으면서도 연간 6~7천만 원 비용이 드는 미국 사립대학에 대책 없이 막연한 기대로 자녀들을 진학시키려 한다. 일부 학생들은 부모의 경제적 여건을 감안하지 않고 학비가 비싼 사립대학에 가겠다고 고집을 부린다.

필자는 이렇게 무리하게 대학에 간 학생들 가운데 중도에 학업을 그만두는 경우를 종종 본다. 그렇지 않으면 부모가 무리하게 빚을 내서 뒷바라지를 하느라 죽도록 고생을 한다. 중도에 학업을 중단하고 학비를 벌기 위해 귀국해 취업을 한 학생도 보았다. 그들이 몇 년 안에 수천만 원의 학자금을 마련해 다시 대학으로 돌아간다는 것은 불가능하다. 이런 사태를 막기 위해 대학 지원 전에 충분한 재정 분석과 조달 계획을 세워야 한다.

학부모들은 자녀들의 뒷바라지를 제대로 못하는 것을 부모로서 의무를 다하지 못하는 것으로 생각한다. 그래서 어려운 가정 상황에 대해 자녀들에게 그대로 이야기하는 것을 꺼린다. '가난'은 결코 '무능'의 결과가 아니다. 자괴감을 갖지 말고 자녀가 11학년(고2)이 되었을 때 솔직하게 현재 가정 경제 상황과 부담 가능한 학비 수준을 이야기하고 어떻게 부족한 학비를 조달할 것인가 대책을 찾아야 한다. 앞서 설명한 대로 미국 대학들 가운데 국제학생에게도 무상으로 학자금보조를 해주는 곳이 많은 만큼 지원 받을 수 있는 대학을 찾거나 학비 부담 가능한 대학을 찾아야 한다.

살고 있는 주택을 처분해서 자녀학비를 조달해서는 안 된다. 자녀가 명문 대학을 졸업해 좋은 직장을 얻으면 부모 노후를 책임질 것이라는 기대를 하나 이것은 그야말로 '허황된 꿈', '몽상'일 뿐이다. 부모의 노후를 책임지는 자녀들이 없지는 않겠지만 우리 사회의 추세로 봐서 노후를 자녀에게 의탁한다는 것은 거의 불가능하다. 자녀 학자금은 융자를 얻어서 조달이 가능하겠지만 노후자금을 빌려주는 은행은 없다. 부모의 미래를 담보로 유학을 가려는 자녀가 있다면 단호하게 안 된다고 말하는 용기가 필요하다.

전공 선택, 학비만큼 중요하다

자녀를 미국 대학으로 유학 보내려는 부모들에게 꼭 조언하고 싶은 것이 두 가지 있다. 첫째는 학비를 어떻게 조달할 것인지 계획을 확실하게 세우라는 것이고, 두 번째는 대학보다 전공을 잘 선택하라는 것이다.

대학을 선택하기에 앞서 가정에서 학비를 부담할 수 있는가를 확실히 점검할 필요가 있다. 많은 사람들은 아이비리그 대학을 졸업하면 최고의 직장에 취업할 수 있을 것이라 생각한다. 그러나 이는 오산일 가능성이 높다. 대학 졸업 후 취업은 대학 명성보다 전공에 따라서 결정되는 경우가 많다. 물론 전공분야에 취업을 하지 않는 경우도 많다.

전공은 학비와 더불어 반드시 고려해야 할 요소다. 한국 학부모들은 무엇을 전공했느냐보다 어떤 대학을 졸업했느냐를 더 중요하게 생각한다. 치열한 경쟁을 뚫고 진학한 아이비리그 대학에서 경쟁력 없는 전공을 선택했을 경우 졸업 후 미국 사회에서 취업은 난망하다. 미국 학생들도 아이비리그 대학에서 경쟁력 없는 전공을 했을 경우 취업을 하지 못하고 24시 편의점에서 일하고 있다는 기사를 읽었다. 한국 유학생 가운데 미국 명문 대학을 졸업하고도 취업을 하지 못하고 캥거루처럼 부모에게 의지하는 학생들을 주변에서 종종 본다. 다시 강조하지만 대학 명성 못지않게 전공 선택이 중요하다.

연봉 8000만 원을 받는 필자 후배는 몇 년 전 딸을 아이비리그에 보냈다. 그는 미국 대학이 학생의 가정 형편에 따라 제공하는 학자금보조(FA)를 받으라는 필자의 권유를 받아들이지 않았다. 지원하려는 아이비리그 대학의 합격 가능성이 낮아진다는 이유에서다.

그는 서울 강남의 당시 10억 원대 아파트(현재는 30억 원에 거래됨)를 팔고 2시간 거리의 수도권 도시로 이사를 갔다. 그는 이제와서 후회한다. 은퇴를 1년여 남겨 놓은 그는 준비해 놓은 노후자

미국 명문대 학비 얼마나 드나?

미국 상위권 대학 2018학년도 비용

	대학	학비	기숙사비	총비용
1	Harvard University	$50,420	$17,160	$67,580
2	Yale University	$53,430	$16,000	$69,430
3	Columbia University	$57,208	$13,618	$70,826
4	Brown University	$55,556	$14,670	$70,226
5	Cornell University	$54,818	$15,136	$69,954
6	Rice University	$47,345	$14,000	$61,345
7	University of California-Berkeley	$43,186	$16,160	$59,346
8	University of Michigan-Ann Arbor	$47,476	$11,198	$58,674
9	University of Illinois-Urbana-Champaign	$33,448~42,796	$11,308	$44,756~54,104

미국 명문 대학 학비가 매년 오르고 있다. 2018 학년도에 등록금이 비싼 일부 사립대학의 경우 등록금과 기숙사비, 식비를 합한 총비용이 7만 달러를 넘어섰다. 여기에 포함이 안 된 숨은 비용이 있다. 책값, 보험료, 개인 용돈, 미국 내 교통비, 한국을 오가는 비행기 비용 등이다. 이를 합하면 연간 1000만 원이 더 들어간다.

숨은 비용을 빼놓고도 미국 대학 4년간 등록금 총액이 중소도시 집 한 채 값과 비슷하다. 코넬대의 2018~19년도 유학생 학비는 5만 4584달러다. 여기에 기숙사 2인실 비용은 8842달러, 식비는 25594달러로 부담해야 할 총 비용은 6만 9000여 달러다. 브라운대의 2018년도 학비는 5만 4320달러다. 여기에 기숙사비 9120달러, 식비가 5550달러다. 학부모가 내야 하는 총비용은 7만 226달러다. 브라운대 학비는 아이비리그를 포함한 톱 20개 대학 가운데 14위다.

금이 없다. 국민연금 100여만 원으로 남은 20~30년의 여생을 보내야 한다. 퇴직금은 직장에서 중간정산을 하는 바람에 퇴직을 할 때 몇 천만 원밖에 받지 못하게 된 상황이다. 그가 자랑스러워했던 딸은 미국 대학 졸업 후 한국으로 귀국해 변변한 직장조차 잡지 못하고 있다. 전공이 경쟁적이지 않기 때문이다. 하늘을 치솟던 그의 딸 자랑은 어디론가 가버리고 그에게 남은 것은 노후 걱정뿐이다.

'흙수저'도 미국 명문대 유학 가능하다

과거 해외 유학을 가는 이들은 돈 걱정이 없는 '금수저', '은수저'들이었다. 가난을 숙명처럼 물려받은 '흙수저'나 '동수저'들에게 해외 유학은 상상도 할 수 없는 일이었다. 물론 그렇다고 흙수저들의 해외 유학 길이 완전히 막혀 있었던 것은 아니다. 국비 장학생 제도를 이용하거나 해당 국가 정부가 주는 장학금을 받아 해외로 공부를 하러 떠났다.

미국 비영리 기관인 Open Doors가 2015년 발표한 <미국 내에서 공부하는 국제학생들의 학비 조달 방법>이란 통계를 보면 매우 의미 있는 대목이 있다. 미국에서 공부하는 국제학생 97만 4926명 가운데 63.6%인 62만 명은 가족의 도움으로 유학을 왔다. 즉 부자 아빠를 둔 금수저들이다. 또한 자국 정부나 자국 대학으로부터 도움을 받는 학생은 7.7%(7만 5042명)였다. 삼성장학재단, 관정장학재단처럼 민간 스폰서의 도움을 받는 학생은 1%인 9735명이었다. 여기서 눈여겨볼 것은 미국 대학이 주는 학자금보조 장학금으로 공부하는 학생이 무려 20만 3337명(20.9%)이나 된다는 것이다.

필자의 대학 시절 은사들은 종종 자신이 고생하며 공부했던 '미국 유학기'를 들려주었다. 하나같이 접시닦이를 했다고 말한다. 이분들은 위에서 언급한 미국 대학이 주는 학자금보조에 대해 아예 몰랐던 것이다. 국제학생들에게도 주는 학자금보조라는 제도를 알았더라면 훨씬 고생을 덜하고 공부에 더 열중했을 것이다.

"제 연봉이 1억 원이 넘는데 제 아이가 미국 대학에서 재정보조를 받을 수 있나요?"라고 묻는 학부모들이 많다. 국내에서 1억 원 소득의 가정은 분명 부유한 집이다. 그러나 아이가 연간 비용 7~8천만 원이 들어가는 미국 대학에 진학할 경우 1억 원 소득의 가정도 경제적으로 결코 여유롭지 않다. 아무리 연봉 1억 원이 넘는다고 해도 '미국 대학의 학자금보조'를 받지 않으면 힘들다.

뛰어난 능력을 갖고 있으면서도 가난 때문에 그 꿈마저 접을 것인가? 미국 사립대학들은 경제적으로 어려운 학생들에게 기부금 중에서 일정한 액수를 학자금보조(Financial Aid, FA)란 명목으로 지원해 준다. 많은 이들은 공부를 잘해서 받는 성적장학금(Merit Scholarship)만 알지 가정이 어려워서 받는 학자금보조에 대해서는 잘 모른다. 어떤 이들은 "그런 혜택은 미국 시민권자 혹은 영주권자 학생들이나 받는 혜택이지 유학생은 불가능하다"고 체념해 버린다. 미국 2800여 개 4년제 대학 가운데 2018년 현재 770여 개 대학이 국제학생들에게 학자금보조(장학금)를 준다.

이런 학자금보조, 즉 그란트가 성적우수장학금의 액수보다 큰 경우가 많다. 꼭 가정 소득이 높다고 못 받는 것은 아니다. 연봉 1억 원이 넘어도 자녀 여러 명이 대학에 다닐 경우 미국 대학 학자금보조를 받을 수 있다. 학자금보조를 많이 받기 위해 수입과 자산이 적을수록 유리하지만 각 가정의 사정에 따라 조정된 소득(Adjust Income)을 기준으로 한다. 소득이 1억 원이라고 하더라도 두 형제 가운데 한 아이가 이미 미국 대학에 다니고 있다면 이 아빠는 '가난한 아빠'가 된다.

미국 인구 통계를 보면 미국도 인구가 계속 줄고 있다. 향후 10년 동안 미국 대학 신입생 숫자가 늘어날 가능성은 없다. 2010년 18세 인구가 450만 명이었으나 2016년에는 420만 명으로 30만 명 줄었다. 따라서 대학들은 신입생 확보에 열을 올리고, 이것이 곧 학자금보조 제공으로 이어진다. 한국 학생들은 이런 상황을 이용해 학자금보조를 받아내면 된다. 트럼프 대통령의 반 이민 정책으로 중동 및 중남미의 부유한 가정 학생들이 미국 유학을 꺼리고 있다. 그렇지 않아도 상당수 주립대학들이 학생 확보에 어려움을 겪고 있는데, 앞으로 이런 현상이 더욱 가속화될 가능성이 높다. 지난 2년간 미국 내 해외 유학생 수가 25% 줄었다는 기사를 보았다.

상당수 미국 대학들이 학자금보조를 주고서라도 해외 유학생을 유치하려는 이유다.

학비 대비 가성비가 좋은 대학

국내 4년제 대학 187개 가운데 등록금이 가장 비싼 대학은 어디일까? 대학정보 공시 사이트인 '대학 알리미'에 따르면 연세대가 901만 원으로 1위다. 이어 한국산업기술대학교 900만 원, 이화여대 852만 원, 을지대 849만 원, 추계예술대 847만 원 순이다. 반면 등록금이 가장 저렴한 대학은 광주가톨릭대학으로 학비가 없다. 중앙승가대는 176만 원, 영산신학대 200만 원, 서울시립대 239만 원, 한국교원대 318만 원이다.

미국은 어떨까? 미국 대학 가운데 학비가 가장 비싼 대학은 아이비리그 가운데 하나인 컬럼비아대학으로 연간 5만 5056달러이다. 2위는 리버럴 아츠 칼리지인 바사대학(Vassar College)로 5만 3090달러, 3위는 역시 리버럴 아츠 칼리지인 스와츠모어(Swarthmore) 5만 2916달러, 4위는 리버럴 아츠 칼리지인 트리니티대학(Trinity College) 5만 2760달러다. 미국 대학들 가운데는 학부중심대학인 리버럴 아츠 칼리지의 학비가 비싸다. 리버럴 아츠 칼리지는 학부중심대학으로 2년제 대학인 커뮤니티 칼리지(CC)가 아니다. 리버럴 아츠 칼리지는 사립 명문, 부자 대학으로

“학비 90% 장학금 받고 프린스턴大 진학했어요”

#1. A는 지난해 국내 모 국제학교를 졸업하고 미국 대학에 도전했다. 첫 도전에서 실패한 후 재수를 한 A는 2018년에 프린스턴대학 얼리 전형(조기 전형)에 합격했다. 그는 프린스턴대학에서 4만 5410달러의 학자금보조를 받았다. 프린스턴대학의 금년도 등록금은 4만 9330달러이고, 학비, 기숙사비, 식비를 포함한 총 비용은 7만 10 달러다. 순수 등록금만 보자면 A는 3920달러(한화 423만 원)만 부담하면 된다. 일반 회사원인 아버지의 연봉은 8300만 원 수준이다.

#2. 쌍둥이 자매 P1, P2는 국내 고등학교를 다니다가 해외유학을 간절히 원해 2년 전 미국 고등학교로 유학을 갔다. P양 아버지는 연봉 1억 4,000여만 원의 회사원이다. 그의 연봉은 국내 근로자 기준으로 높은 편이지만 쌍둥이 딸을 모두 미국 대학에 진학시키기에는 턱없이 부족하다. 쌍둥이 아빠는 특별한 대책이 없는 한 두 딸을 미국 대학에 진학시키는 것은 어렵다고 판단했다. 그가 생각한 해결책은 미국 대학이 유학생에게도 주는 학자금보조였다. 2018학년도 조기전형으로 미국 대학에 지원한 P1은 명문 여자대학인 Bryn Mawr College에서 연간 4만 9972달러의 학자

금보조를 받았다. 그는 이 대학 외에도 지원한 Earlham College와 Lawrence University에서 각각 4만 150달러, 4만 3300달러의 학자금보조를 받았다. 동생인 P2는 조기전형으로 Dickinson College에서 5만 1520달러를 받았다. 쌍둥이 아빠는 두 딸의 학비로 연간 2만 달러 미만을 지출하면 된다. 연간 지출해야 할 학비가 12만 달러였으나 6분의 1 수준으로 대폭 줄어든 것이다.

#3. 미국 고등학교 조기 유학생인 Y군 부모는 맞벌이로 연간 소득은 6700여만 원이다. Y군은 외동아들로 다른 가정에 비해 교육비 부담이 적지만 연간 6000여만 원이 넘는 미국 사립대학 학비를 부담하기엔 어려운 상황이다. Y군 부모도 아들이 지원한 미국 대학에 학자금보조를 신청했다. 그는 조기전형으로 명문 Franklin & Marshall College을 비롯해 5개 대학에 지원했고, 모든 대학에서 많게는 5만 376달러, 적게는 3만 6700달러의 학자금보조를 제안받았다.

학생들을 잘 가르치고 교수대 학생 비율이 낮다.

반면 학비가 저렴한 대학은 명문 사립대학으로는 몰몬교가 운영하는 브리검영대학으로 연간 5300달러다. 연세대학교보다 저렴하다. 이 대학은 유에스뉴스 랭킹 68위인 명문 대학이다. 러스트대학(Rust College)은 9500달러, 투갈루대학(Tougaloo college)은 1만 600달러다. 미국 대학이라고 무조건 비싼 것은 아니다. 학비가 저렴하면서도 학교의 수준이 높은 숨겨진 보석이 존재한다.

학부모들 가운데 "국내 대학 비용으로 갈 수 있는 학교가 없을까?"라는 질문을 한다. 등록금이 연간 1만 달러 미만인 미국 대학들도 있다. 그런데 학부모들은 그 대학의 수준에 대해 의구심을 갖는다. 그 대학들은 형편없는 '듣보잡' 대학일까? 최상위권 명문대학에 미치지는 못하지만 교육의 질이나 학교 시설 등에서 문제가 없다. 눈높이를 조금 낮춘다면 충분히 다닐 만한 대학이다. 그 대학에서 2-3학년 때 좀 더 높은 수준의 대학으로 편입이 가능하다. 이때에도 학자금보조가 가능하다.

그런데 왜 꼭 미국 대학인가? 한국 사회는 해방 이후 미국 편향이 되었다. 지금은 미국 일변도에서 어느 정도 다변화되었다. 미국 학비가 비싸서 유학이 힘들다면 학비가 저렴한 나라도 있다. 프랑스, 네덜란드, 스웨덴, 핀란드 등 유럽 대학들이다. 많은 유럽 국가 대학들이 몇 년 전까지 해외 유학생들에게도 학비를 받지 않았으나 최근 유료로 전환한 나라가 많다. 그래도 미국 대학 학비보다 저렴하다. 또 다른 장점은 이 나라 대학들을 영어로 갈 수 있다는 점이다. 핀란드 대학들은 2016년까지 국제학생들에게 학비를 받지 않았으나 2017학년 9월 학기부터 연간 500만 원에서 2000만 원 정도의 학비를 받고 있다. 대부분 1000만 원 미만이다. 유료화는 됐지만 많은 장학 혜택이 있어서 학비는 물론 생활비까지 지원받을 수 있다.

아시아권으로 눈을 돌려보자. 국내 대학 수준, 혹은 미국 대학의 5분의 1 내지 10분의 1 수준의 저렴한 학비로 대학을 다닐 수 있는 아시아권 대학들도 많다. 국내 명문 대학인 서울대, 연고대보다 세계 및 아시아 대학 랭킹에서 앞서는 홍콩, 싱가포르, 일본, 중국 대학들이 많다. 홍콩, 싱가포르는 공용어가 영어이기 때문에 이곳 대학들은 영어로 강의한다. 최근 중국, 일본 상위권 대학들도 여러 전공들을 영어로 개설했다.

일본은 G30 프로젝트를 통해 해외 유학생들을 30만 명까지 받아들이겠다는 계획이다. 중국은 덩샤오핑, 장쩌민, 후진타오 주석을 거치면서 대학들 가운데 명문 대학들을 211공정, 985공정 대학으로 선발, 대대적으로 예산 지원을 했다. 2017년부터는 정부 차원의 육성 계획을 수정해 Class A(일류) 대학과 전공별 중점 대학을 선정해 집중 지원을 하고 있다. 이들 중국 대학들도 영어 과정으로 많은 전공들을 개설하고 있다. 학비는 한화 300~800만 원 수준이다. 일본 대학들의 경우 도쿄, 도호쿠, 교토 같은 국립대학들의 학비는 연 500만 원대이고, 게이오, 와세다 등 사립대학들은 1000만 원대다. 국내 대학들보다 학비가 비싸지 않다.

취업 절벽 앞에 절망하는 젊은이들이여, 떠나라

유학은 꼭 공부만 하러 가는 것은 아니다. 취업의 수단으로 갈 수도 있다. 지금 국내 현실은 취업을 앞둔 젊은이들에게 캄캄한 밤이다. 많은 젊은이들이 절망하고 있다. 대학을 졸업했어도 꽉 닫힌 취업의 문은 열릴 줄 모른다. 오죽하면 자신이 태어난 나라를 저주할까? 한국은 젊은이들에게 '헬 조선'이 되었다. 언론 보도를 보면 국내 명문대를 졸업해도 취업이 안 된다. 2018년 8월에 취업한 사람은 단 3000명에 불과하다. 취업이 비교적 잘 된다는 서울대, 연고대 경영학과 출신조차도 취업난에 고통을 겪고 있다. 인문 사회계열 전공자들은 더 심각한 고용절벽에 '문송합니다(문과라 죄송합니다)'라는 말이 생겼다.

필자는 이 상황의 해답을 해외에서 찾아야 한다고 생각한다. 한국은 지금 고용 절벽 상황이지만 눈을 해외로 돌리면 일자리가 얼마든지 있다. 대표적인 나라가 일본, 싱가포르, 홍콩 그리고 유럽의 독일, 덴마크, 노르웨이 등이다. 일본은 지금 사람을 1이라고 하면 취업할 수 있는 자리는 1.5다. 20년 장기 불황을 딛고 일어선 일본 기업들은 구인난을 겪고 있다. 일본과 함께 고용의 여력이 있는 대표적인 나라는 독일이다.

독일은 매년 많은 해외 전문 인력을 필요로 하지만 충원을 못해 기업들이 인력난을 겪고 있다. 독일 산업이 돌아가려면 단순 노동자를 포함해 연간 56만 명의 해외 인력이 필요하다는 통계가 있다. 독일은 필요한 전문 인력을 해외에서 받아들이려 노력하고 있고, 정부와 기업은 이를 유학생으로 충원하려 한다. 그 일환으로 독일은 외국 학생들에게도 학비를 받지 않고 학부와 대학원 전공을 영어로 대거 개설하고 있다.

2016년 대학 졸업생 취업현황

학교	취업률(%)
성균관대	76.4
고려대	73.8
한양대	72.7
서울대	70.6
연세대	70.1
서울시립대	68.6

출처: 대학알리미

왜 미국에서 직장을 찾으려고 하니?

'미국 우선주의'를 앞세우며 반 이민 정책으로 전 세계의 공분을 사고 있는 트럼프 미국 대통령이 외국인 전문 인력에게 발급하는 취업비자(H1B)와 이민 비자를 제한하는 행정명령을 내렸다. 미국 대학을 졸업한 해외 유학생들이 미국에서 취업하기 어려워지는 것은 물론 미국에 법인을 둔 외국 기업이 주재원을 파견하기도 어려워지고 있다. 이런 트럼프의 우매한 정책이 언제까지 먹힐 것인지 알 수 없으나 막강한 미국 대통령의 권한을 앞세워 밀어붙이니 외국인들은 속수무책이다.

미국이 제한하려는 비자에는 전문직 취업 비자인 H1B 비자는 물론이고, 기업 주재원 비자인 L1, 투자이민 비자인 E-2, 문화

교류 비자인 J1, 유학생이 취업을 위해 발급받는 OPT(Optional Practical Training) 등도 해당된다. 우리가 관심을 갖는 비자는 미국 대학을 졸업하고 취업을 할 경우 받게 되는 H1B 비자다. 이 비자를 받게 되면 정식 취업이 되는 것이다. 현재 컴퓨터 추첨을 통해 대학을 졸업한 해외 유학생 취업자에게 6만 5천 개, 석사 이상 해외 취업자에게 2만 개를 각각 발급하고 있다. 그러나 실제로 특별 청원을 통해 매년 더 많은 수의 H1B 비자가 발급됐다. 2015년에 16만 1639명, 2016년엔 17만 2748명에게 이 비자가 발급됐다.

트럼프가 H1B 비자와 OPT 비자를 손볼 때 미국 유학생들은 미국 내 취업에 직접적으로 영향을 받는다. 이에 따라 미국 대학으로 유학을 가거나 혹은 미국 대학 졸업 후 미국에 취업을 하려는 학생들은 이 점을 감안해야 한다. 미국에서 굳이 취업을 하겠다면 미국 사회가 요구하는 전공을 잘 선택해야 한다. 가급적 미국인들로 대체가 어려운 전공을 택해야 한다. 2012년부터 2016년까지 미국이 외국인 전문 인력에게 내준 H1B 비자 가운데 가장 많은 수가 엔지니어링, 비즈니스, IT 분야 순이다.

필자의 조언 두번째는 미국 대학을 졸업한 후 일자리를 미국에서만 찾지 말고 캐나다, 아시아, 유럽 쪽이나 중동, 아프리카, 남미까지 영역을 넓히라는 것이다. 세상은 넓다. 미국을 벗어나서 넓은 세상으로 나가야 한다. 그래서 생긴 용어가 직업(job)과 유목민(nomad)의 합성어 '잡 노매드'(Job Nomad)다. '잡 노매드'란 특정 직장이나 지역에 몸을 담고 오랫동안 일하거나 생활하기보다는 직업을 따라 이곳저곳을 떠돌아다니는 유목민을 일컫는 신조어다.

또 하나의 선택은 독일, 일본, 싱가포르 등 전문직 고급인력들에게 문호를 개방하고 있는 나라로 대학 진학을 하는 것이다. 독일, 싱가포르, 일본은 해외 우수 인력을 확보하기 위한 국가 차원의 노력을 기울이고 있다. 따라서 이런 나라의 대학으로 진학할 경우 대학 졸업 후 취업의 문이 미국에 비해 훨씬 넓다. 독일은 독일대학을 졸업하는 외국인들에게 18개월 동안 독일 내 일자리를 찾을 수 있는 시간을 준다. 미국이 대학 졸업 후 OPT를 쓰는 기간에도 3개월간 백수로 있으면 바로 추방하는 것과는 상당히 대조적이다. 세상은 넓고 할 일은 많다.

chapter 02

미국 대학, 어디를 가야 할까?

미국 대학, 어디를 가야 할까?

가성비(Return of Investment, ROI)가 좋은 대학을 골라라

해마다 대학 입시 시즌이 되면 학생들과 학부모들은 마음이 분주해진다. 학부모는 학부모대로, 학생은 학생대로 장밋빛 미래와 초라한 현실을 생각하며 고민에 빠진다. 어느 대학에 지원을 해야 하나? 내게 맞는 대학은 어디일까? 어떤 기준으로 대학을 선택해야 하나?

학부모들은 자녀의 지원 대학을 선택할 때 그 대학이 다닐 만한 가치가 있는 학교인지에 대해 생각하게 된다. 여기서 '다닐 만한 대학'은 명성, 랭킹일 수도 있지만 교육의 질과 전공, 졸업 후 취업

우수대학 랭킹과도 다르다. 포브스가 2017년 내놓은 <America's Best College Forbes Ranking>은 다음과 같다.

1. United States Military Academy 2. Princeton University 3. California Institute of Technology 4. Williams College 5. Harvard University 6. Wellesley College 7. United States Air Force Academy 8. Amherst College 9. Yale University 10. Stanford University

그렇다면 이 랭킹을 어떻게 사용할 것인가? 포브스를 비롯해 유에스뉴스, 더 타임, 프린스턴 리뷰 등 각 기관들이 내놓는 대학 순위 자료들은 학생이나 학부모들이 대학을 선정할 때 참고자료일 뿐이다. 각 기관들은 이 자료의 공정성과 객관성을 유지하려 이런 저런 공식 자료를 인용했다고 주장하지만 거기엔 주관적 요소가 많이 포함된다. 학생들과 학부모들이 대학을 선택할 때는 학생의 학업 성적 요소를 기본으로 전공과 학비 부담 능력 등 여러 요소를 고려해 소신과 주관을 가지고 지원할 대학을 골라야 한다.

한국인이 모르는 '숨겨진' 미국 명문 대학들

자녀를 해외 대학에 보내려는 학부모들이 생각하는 대학 선택의 가장 중요한 기준은 '대학 명성'이다. 어떤 학생 아버지는 직설어법으로 "내가 아는 미국 명문 대학에 보내주세요"라고 요구한다. 자신의 친구들에게 미국 대학에 유학 보낸 자식 자랑을 하려면 그래도 사람들이 아는 대학에 보내야 한다는 생각이 강했다.

미국 4년제 대학 수는 약 2800여 개. 이 가운데 보통 한국 부모들이 아는 대학은 기껏해야 20~30개를 넘지 않는다. 미국 대학에 대해 잘 안다는 이들도 50개 이상 대학 이름을 대긴 어렵다. 한국 부모들에게 "미국 명문 대학은 어떤 대학인가?"라고 질문을 하면 사립대학으로는 하버드, 예일, 프린스턴, USC 정도, 주립대학 가운데는 UC버클리, 미시간대학 등을 꼽는다. 상위권 주립대학이나 사립대학들 가운데서 자신이 모르면 명문 대학이라고 생각하지 않는다.

사립대학 가운데 최상위권 대학인 밴더빌트, 노틀데임, 라이스, 워싱턴 세인트루이스 대학들은 한국 부모들이 잘 모른다. 이 대학은 한국 학부모들에게 '듣보잡 대학'일 뿐이다. 부모들이 자녀를 모든 이들이 잘 아는 대학에 보내려는 데는 그만한 이유가 있다. 즉 그런 대학에 가야 취업이 잘 된다는 생각을 갖고 있다. 한국인 부모들이 명문 대학으로 꼽는 아이비리그 8개 대학은 분명 미국에서도 최고 명문 대학들이다. 이 가운데 3개 대학, 즉 하버드(Harvard), 예일(Yale), 프린스턴(Princeton) 대학은 첫 자를 따서 'HYP'라고 부른다. 이 대학들은 동부에 위치하고 있다. 여기에 캘리포니아 주에 위치한 명문 사립 스탠퍼드(Stanford)가 더해지면 HYPS가 된다. HYPS는 다른 대학들과 확실하게 차별되는 최우수 대학들이다.

HYPS 대학 다음에 올 수 있는 대학은 아이비리그 가운데 하나인 뉴욕시에 소재하는 컬럼비아대학이다. 캘리포니아 주에 있는 캘리포니아공과대학(Cal Tech)과 매사추세츠 주 보스턴에 위치한 매사추세츠공과대학(MIT)도 이 반열에 든다. 이외에 시카고, 듀크, 노스웨스턴, 존스홉킨스대학 등도 아이비리그급 명문 대학에 속한다. 학생들의 수준이나 교육의 질 등 모든 면에서 초일류 대학들이다.

그 다음으로 에모리, 라이스, 조지타운, 터프츠, 노틀데임, 밴더빌트, 와슈 등도 최상위권 명문 대학 그룹을 형성하고 있다. 그 조금 아래로 로체스터, 웨이크 포레스트, 브렌다이즈, 케이스웨스턴리저브, NYU, 보스턴 칼리지, 리하이, 튤레인, USC 등이 위치한다. 이들 대학도 미국 명문 대학에 속한다.

여기서 반드시 우리가 알아야 할 대학들이 있다. 아이비리그급 리버럴 아츠 칼리지다. '작은 아이비'로 불리는 윌리엄스, 앰허스트, 스와츠모어, 웨슬리언 등이다. 포모나, 하비머드, 웰슬리, 스미스, 하버포드, 보든, 미들버리, 칼튼 등도 최상위권 대학들이다. 여기에 클레어먼트 매케나 콘서시엄 대학들, 데이비슨, 그리넬, 워싱턴 앤 리, 콜비, 베이츠, 바사, 콜게이트, 해밀턴, 바나드, 트리니티, 코네티컷, 콜로라도, 매켈레스터, 오버린 칼리지 등도 일류 대학으로 손색이 없다.

이처럼 미국 대학들 가운데는 한국인들에게 알려져 있지 않은 보석 같은 대학들이 많다. 이 대학들은 교육의 질이 매우 높고 국제학생들에게도 많은 학자금보조(장학금)를 주는 대학이라는 특징을 갖고 있다. 가정경제 형편으로 대학에서 꼭 재정보조를 받아야 한다면 가장 먼저 지원을 해야 할 대학들이다.

실제 미국 대학 순위 따로 있다

매년 언론을 비롯해 여러 기관들이 미국 대학 순위를 발표한다. 유에스뉴스, 포브스, 월스트리트 저널, 프린스턴 리뷰 등이다. 포브스지, 프린스턴 리뷰, 유에스뉴스 랭킹은 여러 면에서 사뭇 다르다. 평가 기준과 관점이 다르다. 프린스턴 리뷰는 다양한 기준으로 대학을 평가한다. 또 프린스턴 리뷰와 포브스는 대학을 연구중심대학과 학부중심대학 그룹으로 나누지 않고 한꺼번에 평가를 한다. 그래서 유에스뉴스 랭킹과 다른 의미로 와닿는다. 다음은 프린스턴 리뷰가 2017년도 미국 대학들을 여러 기준으로 평가한 내용이다.

◆학생 만족도가 높은 대학이란 기준으로 대학을 보자. 1위는 라이스대학(Rice Univ.)이다. 이 대학은 텍사스 휴스턴에 있으며, 학생 수는 3910명으로 리버럴 아츠 칼리지처럼 소규모 대학이다. 졸업률은 91%이며 1학년을 마치고 2학년으로 돌아오는 귀환율은 96%로 매우 경쟁력 있는 우수 대학이다. 2위는 밴더빌트대학

(Vandebilt Univ.)으로 테네시 주에 있으며 역시 연구중심대학이다. 3위는 데이톤대학(Univ. of Dayton), 4위는 어번대학(Auburn Univ.), 5위는 아이오와대학(Univ. of Iowa) 순이다. 학생의 만족도와 일반적인 대학 순위와는 많이 다르다.

◆공부를 많이 하는 대학으로는 미국 육군 사관학교인 웨스트포인트가 1위다. 2위는 리버럴 아츠 칼리지 공대인 하비 머드(Harvey Mudd College), 3위는 리드(Reed College), 4위는 시카고(Univ. of Chicago), 5위는 칼튼(Carleton College), 6위 그리넬(Grinnell College), 7위 프랭클린공대(Franklin W. Olin College of Engineering), 8위 쿠퍼 유니언(Cooper Union), 9위 해밀턴(Hamilton College), 10위 카네기 멜론대학(Carnegie Mellon Univ.)이 뽑혔다. 10위 이내에 든 대학 중 시카고대학 외에 연구중심대학은 하나도 없다. 아이비리그 대학 가운데 공부를 많이 하는 대학은 19위에 오른 브라운대학, 20위의 컬럼비아대학 정도다. 리버럴 아츠 칼리지의 특징은 공부를 많이 시킨다는 것이다.

◆교수가 잘 가르치는 대학 1위는 여자 대학으로 리버럴 아츠 칼리지인 웰즐리 칼리지(Wellesley College)가 꼽혔다. 2위는 역시 리버럴 아츠 칼리지인 센존 칼리지(St. John's College)다. 이 대학은 전공 없이 졸업 때까지 고전 100권을 읽어야 하는 특이한 대학이다. 수업도 고전을 읽는 것으로 진행한다. 3위는 베닝톤(Bennington

College), 4위는 프랭클린공대(Franklin W. Olin College of Engineering), 5위 스와츠모어(Swarthmore College), 6위 힐스데일(Hillsdale College), 7위 리드(Reed College), 8위 말보로(Marlboro College), 9위 사라 로렌스(Sala Lawrence College), 10위 미들버리 칼리지(Middlebury College)다. 교수가 잘 가르치는 대학 10위 안에 연구중심대학은 한 곳도 선정이 되지 않았다. 유에스뉴스 랭킹은 그렇다면 허명이었던가?

◆**재정보조를 많이 주는 대학 1위는** 바사(Vassar College)다. 리버럴 아츠 칼리지로 뉴욕 주에 있다. 모든 랭킹 자료에서 거의 상위권을 차지하는 대학이다. 2위는 프린스턴대학이다. 하버드, 예일과 함께 아이비리그의 트로이카다. 3위는 역시 리버럴 아츠 칼리지인 보든(Bowdoin College), 4위는 연구중심대학인 밴더빌트, 5위는 리버럴 아츠 칼리지인 포모나(Pomona College)가 뽑혔다. 여기서 재정보조를 많이 주는 랭킹은 국제학생 기준이 아니라 미국 시민권자 기준임을 알아야 한다. 국제학생을 기준으로 할 때는 약간 순위가 바뀐다.

◆**도서관이 좋은 대학** 1위는 시카고대학이다. 2위는 웨스트포인트, 3위 컬럼비아, 4위 스탠퍼드, 5위 아이오와, 6위 로즈 칼리지, 7위 바사, 8위 예일, 9위 하버드대학이다. 도서관이 좋은 대학 랭킹에서는 규모가 큰 연구중심대학들이 상위권을 차지했다.

◆파티를 잘하는 대학은 해마다 그 순위가 바뀌지만 2017년에는 위스콘신대학이 1위를 차지했다. 이어서 웨스트버지니아, UIUC, 리하이(Lehigh Univ.), 버크넬(Bucknell College), 아이오와(Univ. of Iowa), 미시시피(Missisipi Univ.), 시라큐스(Syracuse Univ.), 튤레인(Tulane Univ.), 콜게이트대학(Colgate Univ.)이 꼽혔다.

앞서 소개를 했지만 대학 순위는 기관들마다 다르다. 중요한 건 이 대학 순위 자료들을 어떻게 활용하느냐다. 이런 랭킹 자료는 잘 쓰면 약이고 잘못 쓰면 독이다. 대학을 선택할 때 랭킹이 앞선 대학들이 명문 대학이고 좋은 대학인 줄 안다. 그러나 랭킹이 앞서 있다고 꼭 좋은 대학은 아니다. 대학을 선택할 때 참고해야 할 여러 요소 가운데 하나일 뿐이다. 그걸 유일한 대학 선택의 지침서로 활용하면 약이 아닌 독이 될 수 있다.

졸업 후 취업 잘 되는 미국 대학

일반적으로 이른바 '일류 대학' 졸업생들이 2-3류 대학 졸업생보다 취업이 잘 되고 연봉도 더 높을 것이라고 생각을 한다. 그러나 이런 공식들이 깨지고 있다. 국내에서도 이런 현상들이 나타나고 있다. 세계적 기업인 삼성의 고위 임원들의 출신 학력을 보면 SKY 대학이 다수를 점하고 있지 않다.

최근 미국의 경제지인 〈월스트리트 저널〉이 졸업 후 취업이 잘 되는 대학 리스트를 내놨다. 이 자료를 보면 일반 사람들이 생각하는 '일류 대학=취업 잘 되는 대학'이라는 공식은 여지없이 깨지고 만다. 취업이 잘 되는 대학 1위는 펜실베니아 주립대학인 펜스테이트가 차지했다. PSU로 알려진 이 대학은 펜실베니아주 제1 주립대학이다. 메인 캠퍼스는 칼리지 파크에 있으며 24개 분교를 갖고 있다. 이 대학의 유명 전공은 회계학, 경영·경제학, 컴퓨터과학, 공학, 재무학 등이다.

2위는 텍사스 A&M 대학이다. 텍사스 대학 시스템에 속해 있는 11개 대학 가운데 중점 대학이다. A&M는 Agriculture and Mechanical이라는 의미다. 이 대학은 텍사스 주에서 가장 먼저 설립된 주립대학이다. 파이낸스와 엔지니어링, 비즈니스-경영학이 유명하다. 랭킹은 다음과 같다. 3위 UIUC, 4위 퍼듀, 5위 아리조나 주립대, 6위 미시간 앤아버, 7위 조지아텍, 8위 매릴랜드대학(칼리지 파크), 9위 플로리다대학, 10위 카네기 멜론, 11위 브리검영, 12위 오하이오주립대, 13위 버지니아텍, 14위 코넬, 15위 UC버클리, 16위 위스콘신 매디슨, 17위 UCLA, 18위 텍사스텍, 19위 캐롤라이나주립대(Raleigh), 20위 버지니아대다.

월스트리트 자료를 보면서 느끼는 것은 취업이 잘 되는 대학과 유에스뉴스가 내놓은 대학 랭킹과는 많은 차이가 있다는 점이다. 월스트리트 자료에 따르면 MIT는 취업 잘 되는 대학 23위에 올라 있다. 취업 잘되는 대학 순위는 우리의 일반적인 '좋은 대학'이란 개념을 송두리째 흔들어 놓고 있다. 월스트리트 저널은 취업 잘 되는 대학 랭킹과 함께 전공별 취업이 잘 되는 대학 순위도 내놓았다.

◆회계학= 1위 브리검영대학, 2위 위스콘신 매디슨, 3위 일리노이(UIUC), 4위 미네소타, 5위 펜스테이트

◆비즈니스-경제학= 1위 미시간, 2위 오하이오주립대, 3위 럿거스, 4위 하버드, 5위 유펜, 6위 UC버클리, 7위 카네기 멜론, 8위 노스웨스턴, 9위 버지니아, 10위 일리노이대학

◆컴퓨터 사이언스= 1위 카네기 멜론, 2위 UC버클리, 3위 미시간대, 4위 조지아텍, 5위 버지니아텍, 6위 MIT, 7위 펜스테이트

◆엔지니어링 = 1위 조지아텍, 2위 퍼듀, 3위 매릴랜드, 4위 일리노이대, 5위 버지니아텍, 6위 미시간대, 7위 코넬대, 8위 MIT, 9위 펜스테이트, 10위 미네소타대, 11위 스탠포드, 12위 UC버클리, 13위 오하이오주립대, 14위 아이오와주립대, 15위 노스캐롤라이나주립대

이 자료 역시 우리 상식을 뒤엎고 있다. 명성이 높은 대학이 취업도 잘 된다고 일반 학부모들은 생각을 하고 있다. 그러나 실제로는 그렇지 않다.

졸업 후 연봉이 높은 미국 대학은?

학생들이 비싼 등록금을 내면서 대학에 진학하는 이유는 두 가지다. 졸업 후 좋은 조건으로 취업이 될 것이라는 기대다. 그 다음으로는 고교 졸업자보다 많은 연봉을 받을 것이라는 기대 때문이다.

미국 시사주간지 타임은 지난 1968년 이후 수천 가정을 대상으로 조사를 한 결과 대학 졸업자는 고등학교 졸업자보다 평생 수입이 83만 800달러 더 많았다고 보도했다. 대학 졸업장의 가치가 한화 약 9억 3천만 원의 가치가 있다는 것이다. 많은 학생들이 미국 등 해외 대학으로 비싼 학비를 부담하면서 유학을 떠나는 이유는 해외 대학 졸업자가 국내 대학 출신보다 취업 기회가 많고 연봉을 더 받을 가능성이 높다고 생각하기 때문이다.

오랫동안 진로 진학 컨설팅을 하면서 경험한 바로는 학부모와 학생 모두 10명 가운데 8명은 명성이 높은 대학에 진학하면 취업의 가능성이 높아지고, 더 많은 연봉을 받을 것이라고 생각한다. 특히 한국에 귀국해서 취업하는 데 대학 명성이 중요할 것이라고 본다.

과연 그럴까? 미국에는 교육 및 전공 직업과 관련된 정보를 주는 많은 사이트들이 있다. 이 가운데 〈페이 스케일 닷컴〉이 자료를 만들고 〈베즈 피드〉라는 사이트가 가공한 각 대학별, 전공별 졸업 후 취업 및 연봉에 관한 자료가 있다. 이 자료는 우리가 갖고 있는 일반적인 상식을 완전히 깬다. 물론 이 자료는 미국 학생들

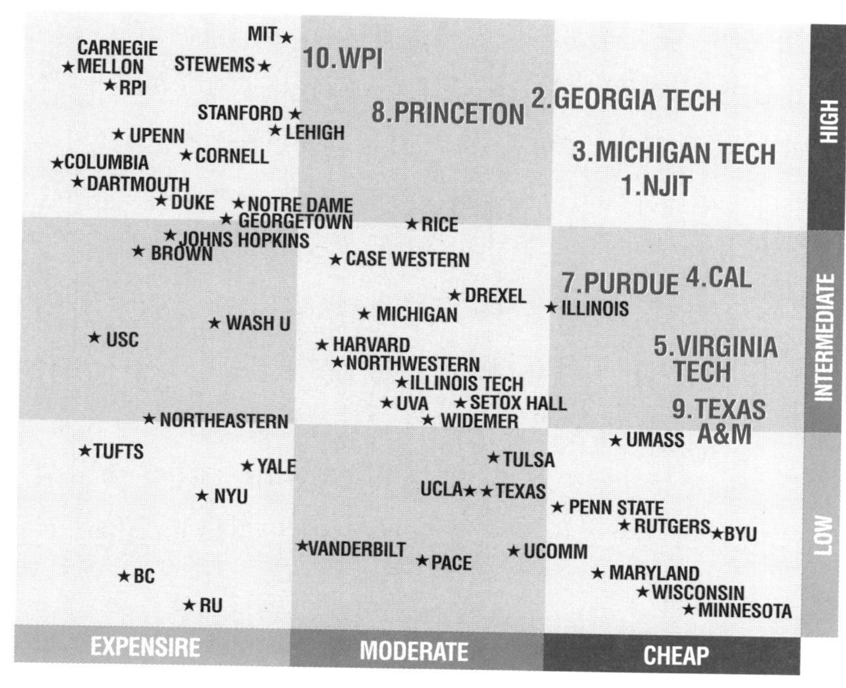

을 기준으로 작성했기 때문에 학비 수준에서 우리가 생각하는 것보다 비싸다고 느낄 수 있다.

먼저 가로축에는 등록금을 놓고 학비가 비싼 대학(Expensive), 중간인 대학(Moderate), 저렴한 대학(Cheap)으로 구분하고 있다. 세로축에는 졸업 후 초봉을 놓고 높은 연봉(High), 중간 연봉(Intermediate), 낮은 연봉(Low)으로 구별하고 있다.

가장 바람직한 조합은 '학비가 저렴한 대학 + 초봉이 높은 대학'이다. 이런 대학에 해당되는 대학은 뉴저지공과대학(NJIT)이다.

이 대학은 중간 규모의 주립 공과대학으로 한국인들에게 인지도가 낮다. 두 번째는 미시간공과대학(Michigan Tech)이다. 이 대학 역시 중간 규모의 주립 공과대학으로 한국인들에게 인지도가 낮지만 주립대학 치고는 국제학생들에게 많은 장학금 혜택을 주는 대학이다.

두 번째 바람직한 조합은 저렴한 학비에 중간 정도의 초봉을 받는 대학이다. 여기에 해당하는 대학은 버지니아텍, 퍼듀, 텍사스 A&M 등의 대학이다. 세 번째 조합은 중간 정도의 학비에 매우 높은 초봉을 받는 대학으로 여기에 해당되는 대학은 조지아텍(Georgia Tech), 프린스턴, WPI(Worcester Polytechnic Institute) 등이다.

이 자료는 학비는 매우 높지만 형편없는 초봉을 받는 대학으로 5개 대학을 꼽고 있는데 참으로 의외다. 가장 형편없는 대학으로 Boston College, Boston University, NYU, Yale, Tufts가 꼽혔다. 이 대학들은 한국인들이 매우 좋아하는 대학들이다. 그런데 이 대학이 학비도 비싸고 졸업 후 연봉도 형편없다.

학비도 비싸고 졸업 후 초봉도 매우 높은 대학은 우리가 익히 잘 아는 아이비리그 대학을 포함한 최상위권 대학들이다. 즉 MIT, Stanford, Carnegie Mellon, U Penn, Cornell, Dartmouth, Duke, Columbia, RIP(Rensselaer Polytechnic Institute, NY) 등이다.

학비 저렴한 미 명문 주립대학 분교

국내 명문 연세대학교는 신촌 본교 외에 송도, 원주 캠퍼스가 있다. 고려대는 안암 본교 외에 세종 캠퍼스가 있다. 미국 대학들도 메인 캠퍼스와 함께 여러 지역에 분교 캠퍼스를 두고 있다. 미국 외에 해외 캠퍼스를 둔 경우도 있다. 가장 대표적인 경우가 NYU(뉴욕대학)로 아부다비와 상하이에 캠퍼스를 두고 있다.

명문 주립대학들의 분교를 보자. 인디아나 주의 대표적인 주립대학은 인디아나대학(Indiana University)이다. 이 대학도 8개의 분교가 있다. 우리에게 잘 알려진 대학은 메인 캠퍼스인 인디아나대학 블루밍턴이다. 그래서 인디아나대학이라고 하면 블루밍턴 캠퍼스를 생각하나 브랜치 캠퍼스도 많다. IU PUI, IU Fort Wayne, IU South Bend, IU Kokomo, IU Southeast, IU East, IU Northwest 등이다. 우리에게 잘 알려진 미네소타대학(University of Minnesota)은 5개 분교 캠퍼스가 있다. 메인 캠퍼스는 Twin Cities다. 이외에 Rochester, Moris, Duluth, Crookston 등에 분교가 있다.

우리가 UIUC와 함께 명문 주립대학으로 잘 아는 위스콘신대학(University of Wisconsin) 메인 캠퍼스는 Madison에 있다. 브랜치 캠퍼스는 UW La Cross, UW Eau Claire, UW Whiterwater, UW River Falls를 비롯해 12개나 된다.

어떤 학생들이 명문 주립대학 분교를 선택하면 좋을까?

첫째, 명문 대학 본교에 가기에는 다소 학업 성적이 낮은 학생들이다. 대학 순위가 낮은 대학보다 순위가 높은 대학의 분교를 선호하는 학생과 학부모들이 제법 많다. 비록 분교이지만 명문 대학이라는 이름을 얻을 수 있기 때문이다.

둘째, 대부분 분교 캠퍼스에서 본교 메인 캠퍼스로 편입이 쉽다. 분교 캠퍼스를 다니던 학생들 가운데 상당수가 본교로 옮겨온다. 미국 명문대 분교에서 본교로 옮기는 것은 어렵지 않다. 펜스테이트의 경우 성적이 낮은 학생들에게 분교를 거쳐 오도록 조건부 입학허가를 내주기도 한다. 미네소타대학의 경우 분교 캠퍼스에서 본교인 트윈시티로 옮기는 것은 다른 대학들보다 더 쉽다.

셋째, 명문대 분교 캠퍼스는 경쟁률이 상대적으로 치열하지 않다. 위스콘신 매디슨대학은 유에스 랭킹 41위로 보통 성적을 가진 학생들의 합격이 만만치 않다. 그러나 브랜치 캠퍼스는 본교보다 낮은 성적으로도 입학이 가능하다. 예를 들어 위스콘신 매디슨 본교의 경우 ACT 점수가 26-30점인 반면 위스콘신대학 스타우트 캠퍼스는 합격자의 50% ACT 점수가 18-24점으로 본교보다 낮다.

넷째, 본교보다 학비가 저렴하다. 어떤 경우는 본교보다 학비가 절반 가까이 싸다. 텍사스대학(University of Texas)의 메인 캠퍼스인 오스틴(Austin)의 경우 1년 학비가 3만 3824달러다. 하지만 분교인 타일러(Tyler) 캠퍼스의 경우 학비가 1만 7752달러다. 4년으로 치면 6천여만 원이 싸다.

다섯째, 영어 토플 점수가 낮아도 간다. 인디아나대학을 보자.

본교인 블루밍대학이 요구하는 토플 점수는 79점이다. 하지만 브랜치 캠퍼스인 인디아나대학 코코모(Kokomo) 캠퍼스가 요구하는 토플 점수는 61점이다.

여섯째, SAT나 ACT 점수가 필요없고 토플이나 아이엘츠 점수와 내신으로 갈 수 있는 대학이 많다. 즉 SAT 점수가 낮은 학생들은 굳이 안 나오는 SAT, ACT 점수를 올리려 노력하지 말고, 토플과 내신성적으로 이들 대학을 지원할 수 있다.

적지 않은 학생들이 커뮤니티 칼리지(CC)를 통해 명문 주립대학으로 편입하는 코스를 선택하고 있으나, 나는 일단 브랜치 캠퍼스로 진학을 했다가 2-3학년으로 메인 캠퍼스에 편입하는 것을 권한다. 특히 경제적으로 어려워서 학비를 조달하기 힘든 학생들이라면 명문 주립대학 브랜치 캠퍼스로 진학을 해서 나중에 본교 캠퍼스나 재정보조를 주는 명문 사립대학으로 옮기는 것도 좋은 방법이다.

숨은 아이비 대학(Hidden Ivy)을 아시나요?

구글에서 'Hidden Ivy'를 치면 50개 대학이 뜬다. 이 가운데는 잘 알려진 대학도 있고, 다소 생소한 대학도 있다. 알파벳 순으로 보면 앰허스트대학(Amherst College)이 가장 먼저 나오고 윌리엄스 칼리지(Williams College)가 50번째로 뜬다.

연구중심대학	학부중심대학
스탠퍼드, 밴더빌트, 튜레인, 와슈, USC, 로체스터, 라이스, 노틀데임, 노스웨스턴, 리하이, 존스홉킨스, 조지타운, 에모리, 웨이크 포레스트, 듀크, 시카고, 터프츠, 보스턴 칼리지	앰허스트, 버나드, 베이츠, 브린머, 버크넬, 칼튼, 클레어몬트 매케나, 콜비, 콜게이트, 콜로라도, 데이비슨, 그리넬, 헤이버포드, 케년, 라파예트, 매켈레스터, 미들버리, 마운트 홀리요크, 오버린, 포모나, 리드, 리치먼드, 스미스, 스와츠모어, 트리니티, 바사, 워싱턴 앤 리, 웰슬리, 웨슬리언, 윌리엄스 칼리지

'숨은 아이비 대학'들은 하워드 그린과 매튜 그린 형제가 만든 개념이다. 이들은 이 대학들을 선정하기까지 총장과 학장, 교수, 학생들을 인터뷰하고 매우 엄격한 조사를 거쳤다.

숨은 아이비 대학 가운데는 리버럴 아츠 칼리지가 연구중심대학보다 많다. 숨은 아이비 대학들의 가장 큰 특징은 리버럴 아츠 교육을 커리큘럼에서 채택하고 있다는 것이다. 리버럴 아츠 교육은 한마디로 '생각하는 교육'이다. 전공으로 들어가기 전까지 다양한 인문 사회학 분야를 많이 가르친다. 많이 쓰고 많이 토론하여 전공을 준비시킨다.

이 대학들은 8개 아이비리그 대학에 버금가는 일류 명문 대학들이다. '히든 아이비' 대학들은 아이비리그 대학 다음으로 입학해도 전혀 문제가 없는 매우 수준 높은 대학들이다.

한국 사람이 잘 모르는 미국 명문 대학들

1950년대 말 뉴욕타임스(NY Times)에서 교육담당 에디터로 일했던 로렌 포프(Loren Pope)는 대학 진학을 앞둔 학생과 부모들이 알아야 할 대학 관련 정보가 너무 부족하다는 것을 알았다. 그 자신이 아이를 대학에 보내려고 당시 교육청에 근무했던 친구에게 대학 정보를 받아 보았지만 쓰레기 같은 정보였다. 그는 스스로 숨어 있는 보석 같은 대학을 찾아서 사람들에게 알려주어야겠다고 생각하고 발로 뛰어서 학교들을 하나하나 찾아냈다. 그는 이후 각 대학에 관한 충실한 정보와 폭넓은 선택의 기회를 모든 가정에 제공한다는 목표로 워싱턴DC에 대학정보원을 개설하고 여기서 얻은 성과를 바탕으로 많은 저서를 남겼다. 그가 쓴 책 가운데는 『아이비리그를 넘어』(Looking Beyond Ivy League: Finding the College That's right for you), 『대학을 고를 때 반드시 알아야 할 사실』(Facts to know in Picking a College) 등이 있고, 결정판은 미국의 작지만 강한 대학 40개를 선정한 『내 인생을 바꾸는 대학』(Colleges That Change Lives)이란 저서다.

로렌 포프는 이른바 꿈의 대학인 아이비리그 대학을 극복해야 할 대상으로 꼽는다. 그는 시종일관 아이비리그 숭배는 넌센스라고 주장한다. 그는 자신이 '내 인생을 바꾸는 대학'이라고 소개한 40개 대학보다 아이비리그 대학이 학생들에게 혜택을 주지 못하고 있다고 주장한다. 그의 말에는 수긍이 가는 면이 많다. 아이비리그 대학들은 학생과 교수간의 친밀감과 대화, 공동체 의식, 협력적 학습, 학생 개인의 발전에 대한 교수와 학교의 관심 등이 결여되어 있고, 교육과정에서의 학생 참여 또한 결여되어 있다고 지적되곤 한다.

그는 아이비리그 같은 연구중심대학에서는 학생들이 철저히 소외된다고 주장한다. 연구와 그 결과에만 신경을 쓰는 교수들은 학생들 개개인에 대한 관심이 없고, 또 직접 가르치기보다 조교들의 도움을 받는다. 특히 실험 실습의 경우 100% 조교들이 학생들을 지도한다. 바쁜 교수들은 학생들에게 리포트조차 요구하지 않는다. 로렌 포프는 지난 100년 동안 이른바 명문 대학들이라는 연구중심대학들은 학부 학생들에게 거의 냉담한 수준이고 시간강사가 대학 수업의 43%를 담당한다고 주장하고 있다.

그는 심지어 "연구중심대학들이 학부 학생들에게 일종의 사기행각을 벌이고 있다"고 극언을 한다. 그는 "나라면 아이비리그 대학교수들 상당수는 채용하지 않았을 사람들"이라고 말한다. 그는 자신이 발굴한 헨드릭스나 로렌스 같은 리버럴 아츠 칼리지의 졸업반 학생들이 의과대학 적성시험(MCAT)이나 다른 대학원 시험에서 8개 아이비리그 및 리틀 아이비로 불리는 최상위권 리버럴 아츠 칼리지 3곳 등 총 11개 대학 가운데 7곳보다 앞선 기록을 보였다고 주장한다. 사실 아이비리그 대학들과 리틀 아이비로 불리는 앰허스트, 윌리엄스, 웨슬리언대학들은 한국 학생들에게도 꿈의 대학이다. 그런데 포프의 주장대로라면 4년 동안 공부를 하고 졸업을 하는 시점에 가면 그가 꼽은 대학들의 학생들이 앞선다는 것이다.

그는 특히 SAT 점수로 학교 서열을 매기는 것에 대해 극히 부정적인 시각을 갖고 있다. 그는 아이비리그 대학에서 박사학위를 받은 이들까지 SAT 점수를 갖고 아이들의 등급을 매기는 데 대해 크게 분노한다. 그는 B급의 학생들이 '내 인생을 바꾸는 대학'에 진학해서 4년간 교수들과 함께 지내며 성장하면 아이비리그 대학에서 4년을 보낸 학생들 못지 않은, 어쩌면 그 이상의 능력을 갖추게 된다고 주장한다.

유에스뉴스는 해마다 미국 대학을 연구중심대학과 학부중심대학으로 나눠서 랭킹을 매긴다. 그 가운데 눈에 띄는 대학이 오레곤 주에 위치한 리버럴 아츠 칼리지인 리드 칼리지(Reed College)다. 이 대학은 괴짜인 스티브 잡스가 잠깐 다녔던 대학으로 유명하다. 이 대학의 올드 SAT 점수를 보면 영어 섹션에서 670-770점, 매우 높은 점수다. 그런데 유에스뉴스는 이 대학을 지금도 74위에 처박아놓고 있다. 객관적으로 비교하면 아이비리그인 다트머스(CR 670-780점)나 듀크대학(CR 670-760점) 정도다. 다트머스는 연구중심대학 10위, 듀크대학은 7위다.

로렌 포프는 리드대학의 스티븐 코블릭 총장이 유에스뉴스를 향해 "물에 빠져 없어져라!"고 쓴소리를 한 이후 그 해 리드대학은 평가에서 몇 단계 추락을 했고 지금도 리버럴 아츠 칼리지 70위권대에 내몰리고 있다고 말했다.

로렌 포프는 결론적으로 하버드대학을 비롯해 학부 학생을 외면하는 연구중심대학에 가지 말아야 할 이유를 하버드를 중퇴한 사람의 말을 인용해 보여주었다. "대학원생들에게 배웠는데 그 중 6명은 영어가 유창하지 않았습니다. 교수님에게 도움을 받기는 어려웠고요. 별도의 면담시간도 없었습니다. 제 룸메이트는 한 학기만에 하버드를 그만두었지요."

'내 인생을 바꾸는 대학'이라고 소개한 40개 대학이 일반적인 기준의 일류 대학은 아니다. 중간 정도의 경쟁률을 보이는 대학들이고 다소 입학이 매우 어려운 대학은 아니다. 그러나 이 대학들은 매우 경쟁력이 있어서 B⁺ 학생들이 들어가서 A⁺ 학생이 되어 일류 대학원에 진학하는 대학이라고 말할 수 있다.

학부모들에게 이 대학들을 소개하면 어떤 부모님들은 다소 의아한 표정을 짓는다. 어떤 부모님들은 "바로 우리가 찾던 대학"이라고 환영한다. 필자가 그동안 상담해서 이 대학들에 진학한 99% 이상의 학생들은 매우 만족해하고 있다. 결국 '아는 만큼 보인다'라는 진리를 입증해주는 대학이다. 그리고 이 대학들에는 가난한 아빠들을 위한 장학금, 재정보조가 많이 숨어 있다. 로렌 포프가 꼽은 '내 인생을 바꾼 대학' 40개는 다음과 같다.

▲AGNES SCOTT COLLEGE, ▲ALLEGHENY COLLEGE, ▲ ANTIOCH COLLEGE, ▲AUSTIN COLLEGE, ▲BELOIT COLLEGE, ▲BIRMINGHAM-SOUTHERN COLLEGE, ▲CENTRE COLLEGE, ▲CLARK UNIVERSITY, ▲ CORNELL COLLEGE , ▲DENISON UNIVERSITY , ▲EARLHAM COLLEGE , ▲

ECKERD COLLEGE , ▲EMORY & HENRY COLLEGE , ▲THE EVERGREEN STATE COLLEGE, ▲GOUCHER COLLEGE, ▲GUILFORD COLLEGE, ▲ HAMPSHIRE COLLEGE, ▲HENDRIX COLLEGE, ▲HIRAM COLLEGE, ▲ HOPE COLLEGE, ▲JUNIATA COLLEGE, ▲KALAMAZOO COLLEGE, ▲ KNOX COLLEGE, ▲LAWRENCE UNIVERSITY, ▲LYNCHBURG COLLEGE, ▲ MARLBORO COLLEGE, ▲MCDANIEL COLLEGE, ▲MILLSAPS COLLEGE, ▲EW COLLEGE OF FLORIDA, ▲OHIO WESLEYAN UNIVERSITY, ▲REED COLLEGE, ▲RHODES COLLEGE, ▲SOUTHWESTERN UNIVERSITY, ▲ST. JOHN'S COLLEGE, MD, ▲T. JOHN'S COLLEGE, NM, ▲ST. OLAF COLLEGE, ▲ URSINUS COLLEGE, ▲WABASH COLLEGE, ▲WHEATON COLLEGE (IL) WHITMAN COLLEGE, ▲COLLEGE OF WOOSTER

참고: www.ctcl.org

한국인 선호 대학과 실제 미국 대학 순위가 차이 나는 이유

몇 년 전 미국 교육부가 모든 인가 미국 대학에 대한 유의미한 교육 통계자료를 내놓았다. 그 통계에는 미국 대학 총 수, SAT 과목별 중위 50% 점수, SAT 중간값, ACT 중위 50% 점수, ACT 컴포지션 중간 값, SAT 평균 점수 등이 들어 있다. 또한 2학년 진급률, 6년 졸업률, 입학 10년 후 소득 중간 값 등이 나타나 있다. 이 자료들을 정리하면 대학간 우열이 어느 정도 드러난다. 미국 대학 총수가 7804개라고 밝혀진 것도 처음이다. 이 가운데 가장 눈에 띄는 자료는 SAT, ACT 점수로 본 미국 대학 순위다.

미국 대학 순위는 학생과 학부모들에게 매우 민감하다. 그동안 유에스뉴스, 프린스턴 리뷰, 포브스 등 많은 사설 기관들이 자의적이고 임의적인 기준으로 미국 대학들의 순위를 매겼다. 그러다가 미국 정부 공식 통계가 나온 것이다. 일반적으로 미국 명문 대학을 상징하는 아이비리그 대학에 합격한 학생들의 SAT, ACT 점수가 높을 것으로 생각했다. 이번 자료를 통해 '아이비리그 = 표준화 점수가 높은 최고 대학'이라는 공식이 깨졌다.

미국 교육부 통계에서 SAT 평균 점수가 가장 높은 1위 대학은 칼텍이었다. '영어(EBRW)+수학(MA)' 점수가 1534점이었다. 2위는 시카고대학으로 1504점이었다. 이어서 20위까지를 보면 MIT(3위), 하버드(4위), 예일(5위), 프린스턴(6위), 하비 머드(7위), 밴더빌트(8위), 프랭클린올린공대(9위), 와슈(10위), 컬럼비아(11위), 스탠퍼드(12위), 노스웨스턴(13위), 포모나(14위), 라이스(15위), 노틀 데임(16위), 다트머스(17위), 듀크(18위), 유펜(19위), 스와츠모어(20위)다.

이번 미국 대학 순위에서 눈길이 가는 내용은 전체 순위 1-3위를 비 아이비리그 대학들이 차지했다는 것이다. 또한 아이비리그 가운데서도 HYP는 4-6위를 지켜 체면을 유지했지만 나머지 5개 아이비리그 대학들은 뒤로 밀렸다. 그 가운데 브라운, 코넬대학은

20위 안에도 들지 못했다. 과거 명성에 비춰볼 때 의외의 결과라고 할 수 있다. 또한 하비머드, 포모나, 스와츠모어 등 미국인들에게는 명문이지만 한국인들에게 다소 낯선 명문 리버럴 아츠 칼리지 대학 3개가 20위 이내에 들었다.

유에스뉴스 랭킹에서 연구중심대학으로 명성을 날리던 대학들이 부진을 면치 못했다. 브라운(26위), 코넬(28위) 외에 존스홉킨스(29위), 조지타운(33위), USC(41위), 에모리(48위), UC버클리(59위), 미시간 앤아버(57위), NYU(58위), 노스캐롤라이나(75위), UC샌디애고(102위) 등이 유에스뉴스 랭킹보다 많이 밀렸다.

주립대학 순위를 보면 더욱 흥미 있는 결과가 보인다. 그동안 주립대학에서 UC버클리가 부동의 1위처럼 인식돼 왔다. 이번 SAT 평균값으로 주립대학 통계를 내보니 순위가 대폭 바뀌었다. 1위 버지니아(49위), 2위 윌리엄 앤 메리(51위), 3위 조지아텍(56위), 4위 미시간 앤아버(57위), 5위 UC버클리(59위), 6위 마이애미(66위), 7위 노스캐롤라이나(75위), 8위 메릴랜드(78위), 9위 UIUC(102위), 10위 콜로라도 마인 스쿨 등이다.

한국인들에게는 다소 낯선 버지니아대학과 윌리엄 앤 메리 대학에 우수한 학생들이 몰리고 있다는 것이 밝혀졌다. 한국 학생들이 많이 지원하는 펜스테이트, UC데이비스, 워싱턴대학, 퍼듀대학 등은 뒤로 많이 밀리고 있다. 반면 한국 학생들이 잘 선택하지 않는 콜로라도 마인 스쿨, SUNY 제네시오, 플로리다, 텍사스 달라스, 클렘슨, 피츠버그대학 등에 우수한 학생들이 몰리고 있다.

끝으로 리버럴 아츠 칼리지(학부중심대학)를 보자. 1위 하비머드(7위), 2위 포모나(14위), 3위 스와츠모어(20위), 4위 윌리엄스(21위), 5위 앰허스트(23위), 6위 보도인(27위), 7위 칼튼(30위), 8위 헤이버포드(31위), 9위 웰슬리, 10위 클레어몬트 매케나대학(34위)이 상위를 차지했다.

미국 대학들은 학생을 선발할 때 학업 성적만 보지 않고 비학업적 요소까지 보는 포괄적 평가(Holistic Assessment)를 한다. 즉 숫자로 표시되는 SAT 점수만으로 학생을 선발하지 않는다. 그렇기 때문에 상위권 대학에서는 SAT 만점 학생이 불합격되는 경우가 심심치 않게 있다. SAT 점수로 매겨진 이 순위가 절대적인 것은 아니다. 그러나 각 대학들이 어느 위치에 있다는 것을 파악할 수 있는 유용한 자료다.

미국 대학 편입하기, 생각보다 훨씬 쉽다

1학년으로 입학한 대학에서 4년을 다니지 않고 중도에 다른 대학으로 옮기는 이른바 '편입'(Transfer)하는 학생들이 많다. 한국 대학 편입은 시험을 봐야 하는 등 까다로운 편이지만 미국 대학 편입은 그리 어렵지 않다. 미국 대학생 가운데 30~40%가 중도에 대학을 옮기고 있다.

편입은 크게 4년제 대학에서 4년제 대학으로 옮기는 것, 2년제 커뮤니티 칼리지에서 4년제 대학으로 옮기는 것, 2학년 편입, 3학년 편입으로 나눠 볼 수 있다. 어떤 대학은 예외적으로 1학년 2학기 편입과 4학년 편입도 받아준다.

편입 이유는 여러 가지다. 가장 흔한 이유가 현재 다니는 대학보다 더 높은 수준의 대학으로 옮기고 싶어 편입을 선택한다. 하고 싶은 전공이 현재 대학에 없어서 그 전공을 찾아 편입을 하기도 한다. 재학 중인 대학 학비가 비싸서 경제적으로 감당하기 어려운 경우 재정보조를 받기 위해 옮기거나, 더 학비가 저렴한 대학으로 바꾸기도 한다. 편입원서를 쓸 때 에세이 주제로 "왜 편입을 하는가?"(Why Transfer?)를 묻는다. 위에 언급한 이유 가운데 자신에게 맞는 것을 쓰면 된다.

미국 대학들의 편입하기는 기본적으로 신입과 다르다. 미국 대학으로 편입을 하려면 커뮤니티 칼리지나 다른 대학에서 적어도 한 학기 이상을 마쳐야 한다. 또한 기본 요구 학점을 이수해야 한다. 편입할 대학이 요구하는 기준 학점(통상 24~40학점)을 채우지 못했을 경우 편입을 못하거나 신입으로 지원할 때처럼 많은 서류들을 제출해야 한다.

편입 시기에 따라 제출 서류가 달라지기도 한다. 3학년으로 편입할 경우 일반적으로 고등학교 성적과 SAT, ACT 점수를 요구하지 않는다. 그러나 2학년 편입의 경우 상위권 대학들은 거의 신입생과 같은 수준의 많은 서류를 요구하기도 한다. 신입과 다른 것이 있다면 대학 성적표와 대학교수 추천서를 제출해야 한다. 그러나 대학 수준이 낮다면 SAT, ACT 성적을 요구하지 않는 경우가 많다. 따라서 편입하는 대학이 어떤 대학인가에 따라 제출 서류가 달라진다.

편입 마감일은 일반적으로 1학년 신입원서 마감일보다 늦다. 가을학기(8-9월)에 맞춰 편입을 하려고 한다면 편입원서는 2월 1일에서 4월 1일 사이에 넣어야 한다. 편입원서 마감일은 대학마다 다르다. 마감일이 이렇게 늦는 것은 내부 편입생(Internal Transfer)을 먼저 처리하기 때문이다. 내부 편입생들을 정리하고 빈자리를 외부 편입생으로 메운다. 만일 봄학기(1월)로 편입을 하려고 한다면 마감은 10월 1일 혹은 11월 1일이다. 따라서 편입을 결심했다면 이 마감 시기에 맞춰 충분한 시간을 갖고 준비하는 것이 필요하다.

앞서 편입이 일반적이라고 했지만 대학마다 다르다. 하버드 등 상위권 명문 대학들은 신입도 어렵지만 편입은 더욱 힘들다. 2014년도 하버드대학 편입 상황을 보면 1432명이 시도해 13명만이 합격했다. 합격률은 0.91%다. 2015년에 브라운대학에 편입 지원을 한 학생은 1834명이고 이 가운데 152명이 합격했다. 다트머스대학에는 751명이 지원, 29명이 합격했다. 주요 대학의 합격률을 보면 스탠퍼드 0.98%, 예일 2.2%, 존스홉킨스 2.6% 등이다. 반면 뉴욕대학은 28.8%, 미시간 앤아버 44.4%, 버지니아 39.8% 등으로 편입 합격률이 비교적 높다. 일반 주립대학으로 가면 편입 합격률은 훨씬 더 높아진다.

수치에서 보았듯이 최상위권 대학들의 편입은 신입보다 훨씬 힘들다. 따라서 무조건 학교를 높여서 편입 지원을 하는 것이 현명한 일은 아니다. 현재 학교보다 나은 대학으로 가겠다면 편입 지원 대학의 수준을 잘 정해야 한다. 그러나 꼭 가고 싶은 대학, 예를 들어 유펜을 목표로 했다면 편입에 실패를 해도 현재 대학을 다닐 수 있으므로 과감하게 도전해도 좋다.

학점 인정 문제를 짚어보는 것도 중요하다. 한국이나 중국 대학을 다니다 미국 대학으로 편입을 하려 할 경우 학점 인정 문제가 발생한다. 해외에서 미국 대학으로 편입할 경우 현재 다니는 대학의 성적표와 이수 과목 설명서(Syllabus: 강의 요강)를 제출해야 한다. 이를 통해 각 대학들은 인정 학점을 결정한다. 대학이 이런 수고를 하지 않겠다면 학점 인증 심사기관의 심사를 받아오라고 하는데, 대표적인 기관이 World Education Service(WES)다. 한국이나 중국 대학에서 아무리 많은 학점을 이수했다고 해도 미국 대학들은 이를 모두 인정하려 하지 않는다.

대체적으로 교양과목과 영어 과목 등은 인정하지만 전공과목은 인정받지 못하는 경우가 있다. 특히 전공을 변경하려 할 경우 앞선 대학에서 이수한 과목은 인정받지 못한다. 따라서 2-3학년으로 편입을 할 경우 졸업하기까지 추가로 1-2년을 더 다녀야 하는 경우가 발생할 수 있다.

미국 내에서 편입을 시도할 경우 4년제 대학에서 다른 4년제 대학으로 편입하는 것보다 같은 주의 커뮤니티 칼리지(CC)에서 같은 주의 4년제 대학으로 편입하는 것이 매우 유리하다. 많은 주립대학들이 성적이 우수한 주 내 커뮤니티 칼리지 학생들에게 편입 혜택을 준다. 특히 입학 보장제(Guaranteed Admissions Program)를 시행하는 곳이 많다. 커뮤니티 칼리지를 다니는 학생들 가운데 같은 주에 있는 대학으로 편입을 하려 한다면 이 제도를 잘 활용하기 바란다.

편입은 일종의 패자 부활전이다. 고등학교 시절 잠시 한눈을 팔아서 기대하는 대학에 가지 못한 학생들이나, 가정 형편이 나빠서 곧바로 4년제 대학에 가지 못한 학생들, 미국 대학에 진학하려 했으나 여의치 않아 해외 대학에 다니는 학생들에게 미국 대학 편입은 자신을 업그레이드 할 수 있는 좋은 기회다.

Tip

미국 대학 편입 전략

❶ 왜 편입을 해야 하는가에 대한 분명한 이유를 확인한다.

❷ 편입 대상 대학을 정한다.

재정보조나 장학금을 받기 위해서라면 전문가의 도움을 반드시 받아야 한다. 어느 대학이 국제학생들에게 장학금을 많이 주는지 보통 사람들은 알지 못하기 때문이다.

❸ 지원 조건을 맞추어야 한다.

GPA를 비롯해 에세이, 추천서, 표준화 시험(옵션) 등이 필요하다. 따라서 목표 대학을 정하고 거기에 필요한 구비 서류를 확인한 뒤 가급적 빨리 준비에 들어가야 한다.

❹ 마감시간을 파악하고 충분한 시간을 두고 준비해야 한다.

❺ 재정보조나 장학금이 필요하면 거기에 대한 준비를 해야 한다.

chapter 03

미국 명문대,
어떻게 저렴하게 갈까?

미국 명문대,
어떻게 저렴하게 갈까?

합격의 기쁨도 잠시, 부모는 학비 걱정에 밤을 지샌다

지방 소재 고등학교 1학년을 다니다 미국 고등학교로 유학을 떠난 A군은 아이비리그인 브라운대학에 합격했다. 그의 부모는 유학 생활 2년여 만에 아이비리그 대학에 합격한 아이가 대견해 동네잔치를 열었다. 그러나 기쁨도 잠시 연간 6000만 원이 넘는 엄청난 등록금 걱정에 잠을 이룰 수 없었다. 중견기업 회사원이었던 아버지 연봉은 6천여만 원, 어머니는 피아노 학원을 했지만 아들의 학비를 지원해 주기는 벅찼다. 이 대학 등록금은 당시 연간 4만 500여 달러, 기숙사비와 식대는 1만 2900여 달러, 여기에 책값, 보험료, 용돈 그리고 한국을 오가는 비행기 값까지 1만 달러를 더해야 했다. 부담해야 할 총 비용을 한국 돈으로 환산하니 7천만 원이 넘었다. 부모 연간 소득 모두를 다 투입해도 아들의 학비를 감당할 수 없는 형편이었다. 여기에다가 A군의 동생이 고등학교를 다니고 있어 A군 부모는 그야말로 자녀들의 학비로 등이 휠 지경이다.

부모는 아들이 아이비리그 대학에 합격해도 경제적 지원을 충분히 해줄 수 없는 상황을 예견하고 학비가 저렴하거나 학비보조를 해주는 대학에 가자고 A군을 설득했다. 하지만 A군은 아르바이트라도 해서 학비를 벌겠다며 끝내 브라운대학을 고집했다. 그러나 막상 합격을 해 놓고 보니 상황은 달랐다. 대학에 다니면서 주당 14시간 정도 일을 해봐야 A군이 받을 수 있는 근로장학금은 연간 2500달러, 즉 한화 250만 원 정도다. 이것으로 등록금을 충당한다는 것은 불가능한 일이었다. 브라운대학은 국제학생이 입학원서를 낼 때 학자금보조를 신청하지 않으면 재학 중에는 추가로 학자금보조를 신청할 수 없도록 하고 있다. 엎친 데 덮친 격으로 A군 부친도 회사가 어려워져서 고용이 불안한 상태가 됐다. A군은 뒤늦게 자신의 선택이 잘못됐음을 알았지만 되돌리기에는 이미 늦었다.

아이비리그인 유펜에 합격한 B는 1학년 2학기에 접어들었을 때 아버지가 회사에서 명예퇴직을 했다. 그는 아버지로부터 "더 이상 학비를 부담하기 어려우니 장학금을 받을 수 있는 대학으로 편입하면 좋겠다"는 이야기를 들었다. B는 고심 끝에 대학 재무처에 장학금을 받고 싶다고 요청했으나 앞서 브라운대학처럼 입학 때 재정지원 신청을 하지 않았으므로 중간에 지원을 해줄 수 없다는 답을 들었다. B는 다른 아이비리그 대학으로 편입을 고려했지만 사실상 불가능했다. 하버드, 예일대학은 연간 20여 명의 편입생을 선발하고 있기 때문에 아이비리그 대학으로 편입은 힘들다는 것을 알고 포기했다. B는 결국 유펜 1학년을 마치고 휴학을 했으나 돌아갈 길이 막막하다.

매년 미국 대학의 얼리(조기) 합격자 발표가 나는 12월 15일부터 레귤러(정시) 합격자 발표가 있는 그 다음해 4월 초순까지 많은 학부모들이 이렇게 학비 때문에 미래교육연구소를 찾는다. 합격통보를 받은 학생들은 5월 1일까지 합격 대학에 등록여부를 알려야 한다. 자녀를 미국 명문 대학에 보낸 중산층 아빠들에게 4월은 그 어느 때보다 잔인한 달이다. 많은 학부모들이 "아이비리그에 합격만 하면 어떻게든 학비를 지원하겠다"고 자녀들에게 다짐하지만 합격 통보를 받고 막상 연간 6~7천만 원의 학비를 부담해야 할 상황이 되면 눈앞이 캄캄해진다.

학비를 낼 수 없다면 하버드대학도 허황된 꿈일 뿐

학생들과 그 학부모들은 학생의 자질이나 프로파일과는 관계없이 우선 명문 대학을 선호한다. 필자는 해마다 아이비리그 대학 혹은 명문 대학에 진학을 하고도 학비를 감당하지 못해 중도에 그만두거나 학비가 저렴하거나 학자금보조를 받을 수 있는 대학으로 편입을 고려하는 학생들을 많이 만난다.

A는 명문 사립 존스홉킨스대학에 합격했다. A가 합격하더라도 도저히 학비를 감당할 수 없는 상황이 분명해 보였지만 부모는 자존심상 도와줄 수 없다는 말을 아이에게 하지 못했다. 기쁨은 합격 소식을 받은 날뿐, 부모는 곧바로 깊은 고민에 빠졌다. 부모가 둘 다 일을 해도 연간 소득이 7천만 원이 안 되는 상황에서 학비로 7천여만 원을 부담한다는 것은 무리였다. A는 결국 존스홉킨스에 등록하지 않고 그 다음해에 학자금보조를 많이 해주는 리버럴 아츠 칼리지에 다시 지원했다. 그는 연간 3만 7천 달러의 학자금보조를 받아 부모님 부담은 2만 3천 달러로 줄었다.

B는 동부 명문 사립대학을 졸업했다. B는 재학 중 학자금보조를 받았으나 그란트보다 대출(Loan)이 많은 구성이었다. 이 학생은 재학 중 본래 전공에서 다른 전공으로 바꾸면서 취득 학점이 부족해 6년 만에 졸업을 했다. 그러나 졸업 후 취업의 문은 쉽게 열리지 않았다. B는 최근 3만 5천 달러에 달하는 학자금 대출(론)의 상환 시기가 되었다는 통보를 받았으나 갚을 길이 없어 난감한 상황이다. 지금 상황에서 대출금 유예를 시키는 방법은 대학원에 진학하는 길밖에 없다. 그러나 미국 대학원들은 기대하는 만큼의 학자금보조를 주지 않는다. B는 이럴 수도 저럴 수도 없는 진퇴양난에 놓여 있다.

대학 지원을 앞둔 자녀를 둔 학부모라면 이런 이야기가 남의 이야기처럼 들리지 않을 것이다. 냉철한 현실 인식이 필요하다. 명분이냐 실리냐, 대학 명성이냐 비용이냐를 선택해야 한다.

필자의 경험으로 비춰보면 해외 유학생들이 대학을 선택할 때 가장 중요한 요소는 학비다. 학비를 부담할 수 없으면 아무리 하버드대학 같은 미국 명문 대학에 진학하더라도 그 결과는 그림의 떡일 뿐이다. 결국 대학 이름보다 국제학생들에게 학자금보조를 많이 해주는 곳을 찾아 비용문제를 해결해야 한다.

유학생도 미국 주립대학에서 학자금보조 받을 수 있을까?

"딸아이가 3년 전 조기유학을 떠나 현재 미국 고등학교 12학년입니다. 아이는 미국 대학을 나온 후 한국에 돌아와 직장을 잡고 싶어 합니다. 그래서 한국인들이 잘 아는 명문 주립대학에 진학하고 싶어 하죠. 제 연봉은 6천만 원입니다. 제가 부담할 수 있는 학비는 연간 1만 5천 달러 수준입니다. 그래서 아이가 미국에서 공부하려면 장학금이 꼭 필요합니다. 그런데 아이가 가고 싶어 하는 미국 명문 주립대학에서도 유학생에게 장학금을 주는지요?"

늘 부모님들과 상담을 하면서 느끼는 점은 정확한 의미 전달이다. 답을 하기 전에 장학금에 대한 용어 정리가 필요하다. 일반적으로 장학금은 '학업을 장려하는 돈'(奬學金)이라는 뜻이다. 공부를 잘하는 학생을 격려하기 위해 금전적 보상을 해주는 것이 성적우수장학금이다. 위에서 학부모가 말한 장학금은 '공부를 잘해서 받는 돈'이라기보다 경제적으로 어려운 학생이 받을 수 있는 '학자금보조'(Financial Aid)를 말한다.

가정 형편이 어려운 학생들에게 주는 돈을 Financial Aid, 즉 학자금보조라고 한다. 성적이 우수한 학생에게 주는 돈, 혹은 특기를 가진 학생에게 주는 장학금(Merit Based Scholarship)도 학자금보조에 포함되지만 보조금 성격의 **▲그란트(Grant) =** 학생이 학교에서 일하고 받는 돈, **▲근로장학금(Work Employment) =** 대학에서 일을 하고 받는 돈, **▲대여장학금(Loan) =** 빌려주는 돈을 모두 포함하여 학자금보조라고 한다.

미국 대학, 특히 사립대학들은 성적우수장학금보다 형편이 어려운 학생들에게 무상으로 주는 학자금보조 성격의 그란트(Grant)가 많다. 그러나 미국 대학들은 아무래도 자국 학생이나 영주권자 학생들에게 더 많은 혜택을 주고 있다. 국제학생들은 상대적으로 미국 시민권자 혹은 영주권자 학생들보다 지원받는 액수도 적고 지원해 주는 대학도 제한적이다.

주민 세금으로 재정지원을 받는 주립대학들은 '주 거주'(In state) 학생들에게만 학자금보조를 준다. 다만 성적우수장학금, 혹은 특기 장학금인 Merit scholarship은 주 거주민, 타주 학생, 국제학생 구별 없이 지급한다. 그러나 학생 수가 많은 주립대학에서 국제학생이 성적우수 학생으로 선발되기는 쉽지 않다. 주 거주 미국 학생들 가운데 우수한 학생들이 주립대학에 많이 진학하기 때문이다.

주립대학의 장학생 선발은 입학사정 과정에서 자동으로 이뤄진다. 때문에 학자금보조를 받을 때처럼 별도의 신청 절차나 서류 제출을 필요로 하지 않는다. 결론적으로 국제학생은 주립대학에서 가정 형편이 어렵더라도 재정 지원을 받을 수 없다. 다만 성적우수장학금은 받을 수 있다. 그러나 경쟁이 치열하다.

美 명문 사립대, 주립대학보다 오히려 저렴하게 간다

사립대는 분명 주립대보다 학비가 비싸다. 그러나 일반적으로 사립대는 장학금의 재원인 학교 발전기금을 많이 갖고 있다. 따라서 사립대는 상대적으로 학자금보조(장학금)가 많다. 따라서 시민권자, 영주권자, 국제학생을 막론하고 사립대학에서 학자금보조를 받을 경우 사립대 비용이 주립대보다 적게 들어갈 수 있다. 아이러니하게도 보통 학부모들은 학비 부담 때문에 주립대학을 선호한다. 주립대학이 저렴하다는 선입관 때문이다.

명문 사립인 하버드대학(Harvard College)의 2018년도 학비는 4만 8949달러, 기숙사비는 1만 6660달러이다. 반면 명문 주립대학 가운데 하나인 아이오와대학(University of Iowa) 학비는 2만

8814달러, 기숙사비는 1만 108달러다. 이 금액만으로 본다면 아이오와대학 학비는 하버드대학의 62% 수준이다. 미네소타대학(University of Minnesota at Twin cities) 학비는 아이오와대학보다 더 저렴한 2만 6603달러, 기숙사비는 9852달러다. 이 대학의 학비 수준은 하버드대학의 45%밖에 안 된다. 이런 수치로 보면 주립대학으로 보내는 것이 옳다.

물론 주립대학이라고 모두 저렴한 것은 아니다. UC 계열 대학들이나 미시간대학 학비는 사립대학의 학비에 육박하고 있다. 2018년 기준 UC버클리의 학비는 연간 4만 2112달러, 기숙사비는 1만 7274달러다. UCLA 학비도 4만 1270달러, 기숙사비는 1만 5441달러다. 미시간 앤아버의 경우도 등록금이 4만 7476달러, 기숙사비는 1만 1198달러다. 합산 금액이 하버드대학과 거의 비슷한 수준이다.

그런데 주립대학들은 몇 백만 원 수준의 성적우수장학금을 지급하는 반면 사립대학들은 국제학생들에게도 2~6만 달러의 학자금보조를 준다. 사립대학에서 이런 수준의 학자금보조를 받으면 총 비용에서 오히려 주립대학보다 저렴해진다. 프린스턴대학의 경우 총 비용이 6만 2750달러지만 학자금보조를 받은 후 학생이 실제로 내야 하는 돈은 1만 5000~2만 달러 수준이다. 물론 전제조건이 있다. 학생이 학자금보조를 많이 주는 사립대학에 진학할 수 있어야 한다. 합격을 하지 못하면 지원도 받을 수 없다.

부모들은 이의를 제기할 수 있다. 하버드, 프린스턴, 예일 등 이른바 명문 사립대학에 가지 못하는 학생들은 저렴한 학비를 내고 사립대학에 갈 기회가 없는 것인가? 그렇지 않다. 미국 사립대학들 대부분이 학자금보조를 준다고 보면 된다. 현재 국제학생에게 학자금보조를 주는 미국 대학은 776개이고, 이 정도면 한국 학생들이 입학하는 거의 모든 미국 사립대학들이 국제학생들에게 학자금보조를 주고 있는 것이다. 따라서 자기 실력에 맞는 사립대학들을 고른다면 주립대학보다 적은 비용을 내고 미국 대학에 다닐 수 있다.

하버드대에는 성적우수장학금이 없다

필자는 특강을 하면서 학부모들과 퀴즈를 자주 한다. "미국 하버드대에는 성적우수장학금이 있다? 없다?" 때로는 "아이비리그 대학에는 성적우수장학금이 있나 없나?"란 질문도 한다. 국내 대학들은 공부를 잘하는 학생들에게 장학금(Scholarship)을 준다. 돈에 구애받지 않는 재벌 자녀들도 공부를 잘하면 장학금을 준다. 성적우수장학금은 수혜자의 가정 형편을 고려하지 않는다. 필자는 미국 대학 학자금 지원(Financial Aid) 제도를 연구하면서 과연 국내 대학들의 장학금 제도가 제대로 된 것인가 종종 생각을 한다. 경제적으로 여유로워서 학비 걱정이 없는 데도 공부만 잘하면 주는 장학금, 얼핏 공평해 보이지만 결코 정의롭지 않다.

미국 대학에는 공부를 잘한다고 주는 성적장학금보다 가정의 경제적 사정이 어려울 경우 학업을 중단하지 않도록 주는 학자금 보조가 많다. 미국 대학들도 성적우수장학금을 주는 곳이 많지만 하버드대학에는 성적우수장학금(Merit Based Scholarship)이 없다.

신문들은 해마다 "00고등학교 졸업한 XXX, 하버드 4년 장학생 합격"이라고 보도한다. 이것은 100% 오보다. 아이비리그에는 부모 소득에 따라 학비보조가 필요한 학생에게 주는 학자금보조(Need Based Grant)가 있을 뿐이다. 하버드대학에서는 연간 소득 6만 5000달러 미만인 가정 학생이면 국제학생이라도 학비, 기숙사비 전액과 책값, 생활비까지 지급해 준다. 하버드대학 외에 프린스턴, 예일대학도 마찬가지다. 이 학자금보조는 한마디로 천사가 주는 돈(Angel Money)이다. 나중에 갚을 필요가 없다.

학교가 학생에게 주는 혜택은 경제 상황에 따라주는 Need Based와 성적에 따라 주는 Merit Based로 나눌 수 있다. Merit Based, 즉 성적우수장학금은 흔히 우리가 말하는 장학금이다. 이는 매우 다양해서 등록금과 기숙사 비용까지 전액을 주기도 하고, 때로는 몇 천 달러, 혹은 몇 백 달러를 주기도 한다. 그러나 하버드대학을 비롯해 아이비리그 대학은 홈페이지에 "우리 대학은 특기우수장학금(Merit Based Scholarship)을 주지 않는다. 특기장학금은 학업우수, 운동 및 음악 등 예술 특기를 의미한다"고 밝히고 있다. 그러나 대학 순위가 조금 낮아지면 많은 대학들이 성적우수장학금을 준다. 이는 우수한 학생들을 유치하려는 전략이다. 이 성적장학금은 일반적으로 학자금보조보다 액수가 크지 않다.

각 대학들은 학자금보조를 주면서 성적우수장학금, 근로장학금, 대여장학금까지 혼합해서 지급하는데, 학자금보조가 주가 되고 나머지는 부수적으로 따라온다. 그러나 어떤 대학들은 근로장학금이나 론을 주지 않고 모두 보조금으로만 채우는 학교도 있다. 필자의 자녀는 콜게이트대학에 다닐 때 모두 그란트만 받았다. 그래서 졸업할 때 빚을 지지 않고 나와도 됐다.

근로장학금의 경우 학교에서 일정 시간 일을 하면 그만큼 등록금을 깎아준다. 근로를 했다고 대학에서 직접 돈으로 주지 않는다. 학생들은 학교 컴퓨터를 고치거나, 스쿨버스를 운전하고, 영빈관 호텔의 프론트를 맡거나 기숙사의 사감을 돕는 등 학교에서 주어진 일을 한다.

론(Loan)은 그야말로 학자금 대출, 빌려주는 돈이다. 대학이 갖고 있는 기금 가운데 시중금리보다 저렴한 이율로 돈을 대출해 준다. 국제학생이 대학이 아닌 미국 은행으로부터 대출을 받으려면 미국 시민권자 2명의 공동 서명을 받아야 하는 등 까다롭지만 학교에서 주는 대여금은 간단하고, 졸업 후에 갚아 나가면 된다.

미국 대학, 학자금보조 액수 줄이고 있다

과거, 가정이 어려운 학생들에게 많은 재정 지원을 해주던 미국 대학들이 최근 재정난을 이유로 지원 액수를 줄이고 있다. 다트머스대학은 국제학생에게도 입학사정에서 불리함 없이(Need Blind) 학자금보조를 주던 재정지원 정책을 입학사정에서 불리함(Need Aware) 정책으로 바꾸었다. 또 대학 측은 2011년에 기부금이 23%가 줄어 10억 달러 적자가 발생해 직원 80여 명을 해고했다. 국내 대학에서 직원 80명 해고는 상상할 수도 없는 일이다. 한국 같으면 등록금을 대폭 올려 적자를 해소했을 것이다. 매사추세츠 주 윌리엄스 칼리지 역시 2011년부터 무상 학자금보조를 없애기로 했다.

명문 사립대들은 성적우수장학금(Merit scholarship)도 없애거나 축소하는 추세다. 국제학생들에게 많은 재정지원을 해주는 리버럴 아츠 칼리지, 즉 학부중심대학들도 해마다 학교 발전기금 재정 상황에 따라 액수가 달라진다. 따라서 지난해에 A대학이 몇 만 달러를 주었다는 수치만 갖고 똑같은 조건에서 학자금보조를 신청한다면 어려움을 겪을 수 있다.

미국 대학 학비는 계속 상승하는데 대학들이 주는 재정지원은 줄어들고 있는 추세다. 따라서 한국 학생들이 몰리지 않는, 그러면서도 다양성을 강조하는 학부중심대학으로 눈길을 돌리는 것이 학자금보조를 받고 합격할 수 있는 좋은 방법이다.

학자금보조, 드림스쿨보다 2, 3지망에 지원하라

9학년(중3)부터 미국 조기유학을 떠난 A군은 미국 대학 원서마감을 앞두고 부모에게 지원할 대학 명단을 보냈다. A군 부모 소득은 연간 8천만 원. A군의 성적은 3.6, SAT 점수는 1410점이었다. A군은 하버드, 예일, 프린스턴, 스탠포드, 존스홉킨스, 라이스, 워싱턴 유니버시티 인 세인트루이스, 카네기멜론대학을 지원하겠다고 했다. A군 아버지는 필자를 만나 "아이를 현재 소득으로 미국 대학에 보내려면 반드시 학자금보조를 받아야 한다. 아들이 원서를 내겠다고 보낸 대학 지원 리스트를 보면 성적으로 볼 때 모두 불합격될 것 같은데 장학금까지 받아야 하는 상황을 생각하면 가슴이 답답하다. 아들은 저와의 대화를 거부하고 자신이 선택한 대학에 지원을 하겠다고 고집을 부리고 있다"고 말했다.

매년 미국 대학 지원을 앞두고 학생들과 학부모들은 대학 선택에 고민을 한다. 성적은 그렇다 치더라도 그 대학에 합격할 경우 학비를 감당할 수 있을 것인가를 놓고 고민을 한다.

최근 미국 학부모들도 자녀를 보내고 싶은 1지망 대학보다는 학비 지원을 많이 해주는 대학을 선택하고 있다. 미주중앙일보가 보도한 내용에 따르면 소득별 중상위층 이상 학부모들을 대상으로 조사한 결과 점점 더 많은 학부모들이 자녀들에게 '재정 지원을 많이 해주는 대학'에 진학하도록 유도하는 것으로 나타났다. 이러한 분위기는 학비 지출에 전혀 부담을 느끼지 않을 고소득 가정에서도 나타나고 있다고 이 신문은 보도했다. 아울러 이러한 조사결과에 대한 댓글에서 대다수 독자들이 "1지망과 2지망 대학들은 각 개인별로 결정될 뿐 실제로 미래를 계획하는 데에는 아무런 영향이 없다"는 의견을 남겨 눈길을 끌었다. 그럼에도 한국 학부모들은 여전히 대학 명성에 집착하고 있다.

다시 강조하지만 가난한 가정이 학비 문제를 해결하는 유일한 방법은 재정 지원을 받는 것이다. 필자의 미래교육연구소는 해마다 미국 대학으로부터 학생당 적게는 1~2만 달러, 많게는 5~6만 달러의 학자금보조를 받게 해주고 있다. 대학에서 5만 달러 이상을 받으면 사실상 학비 전액을 감면 받는 셈이다.

앞서 설명을 했지만 다시 한번 정리한다. 미국 대학에서 학자금보조를 받으려면 몇 가지 고려할 사항들이 있다. 미국 대학들은 대부분 학자금 신청을 하면 불리함(Need Aware) 정책을 쓴다. 국내 특목고 및 자사고 학부모들 사이에는 "상위권 미국 명문 대학에 학자금보조를 신청하지 마라. 학자금 신청을 한 학생들은 지난해 지원한 대학에 모두 불합격됐다"며 '학자금 신청은 곧 낙방'을 공식으로 받아들이는 분위기다.

미국 대학에서 많은 학자금 지원을 기대한다면 지원하는 그 대학에서 다른 학생들보다 우수한 성적을 보여야 한다. 보통의 성적과 평범한 특별활동 기록을 갖고 경쟁적인 대학에 지원할 경우 학자금보조를 받기는커녕 불합격할 가능성이 크다. 필자의 경험상 학자금보조 신청시 불리함(Need Aware) 정책을 쓰는 대학에 지

부동산 때문에 학자금보조 못 받는 사람들

어떤 학부모들은 집이 어려워서 꼭 학자금보조를 받아야 한다고 말하지만 실제로 부자인 경우가 많다. 연 소득은 작지만 많은 부동산을 갖고 있는 '알부자'들이다. 이들은 현금 소득이 적을 뿐 실제 자산가들이다. 미국 대학들은 한 가정의 경제상황을 파악할 때 소득, 즉 연봉뿐 아니라 재산 상황을 본다. 사는 집이 한 채가 아니라 여러 채면 연봉이나 소득이 적어도 '부자'다.

그런데 가끔 소득 규모가 매우 적은 학부모들이 학자금 지원이 필요한 상황에서 자녀가 10, 11학년 때 부동산을 구입하는 경우가 있다. 토지는 물론 아파트, 상가, 건물을 가리지 않는다. 현금 자산으로 구입하는 경우도 있지만 불가피하게 상속으로 부동산을 얻게 되는 경우도 있다.

10학년인 A군 가정의 연소득은 8천만 원이다. 그의 아버지는 급여생활자다. 그러나 언제 퇴직할지 불안한 상황이다. 그의 어머니는 이런 상황을 극복하기 위해 월세를 받으려고 모아 놓은 돈으로 상가를 구입했다. 이 경우 A군은 어머니가 상가를 구입하지 않았을 때보다 미국 대학에서 학자금 지원액이 줄어들 확률이 크다. 어떤 경우엔 아예 못 받을 수도 있다.

앞서 설명했듯이 미국 대학들은 급여 소득뿐 아니라 금융소득, 부동산까지 고려하여 학자금 지원액을 결정한다. 부동산을 구매하더라도 그 시기를 잘 조절해야 한다. 자녀가 대학에서 학자금보조를 받기 시작한 후 구입하면 좋은데 그 시기를 맞추지 못하는 것이다. 일부 대학은 재학 중 매년 학자금보조 신청서를 갱신하라고 하기 때문에 이런 경우 부동산 취득을 하면 역시 지원 액수가 줄어들 수 있다.

따라서 자녀를 미국 대학에 진학시켜 학자금 지원을 받고자 한다면 부동산 취득에 신중을 기해야 한다. 꼭 구입을 해야 한다면 구입 시기를 잘 따져야 한다.

원할 경우 성적을 포함한 프로파일이 전체 합격생의 25% 안에 들어야 한다.

자녀의 안정적이고 성공적인 미래를 계획하기 위해서는 명문대학에 하위권으로 합격하기보다는 대학에서 좋은 성적을 받을 수 있는 괜찮은 대학을 선택하는 것이 현명할 수 있다. 중요한 것은 재정 지원을 확실히 받을 수 있는 대학들을 선택해야 한다는 것이다.

미국 태프트 고교의 한 카운슬러는 "한인 가정에서는 여전히 높은 순위의 대학을 선호한다. 그러나 실제로 학생들의 성공적인 미래를 계획하기 위해서는 턱걸이로 합격하는 1지망 혹은 상위권 대학보다는 높은 GPA 취득이 상대적으로 용이한 한 단계 낮은 순위의 대학을 선택하는 것이 현명하다"고 조언했다. 그렇다면 학자금보조 신청은 언제 해야 할까?

미국 대학에서 재정보조를 받으려면 반드시 학자금보조 신청을 해야 하고 때를 맞춰 신청서를 제출해야 한다. 미국 상위권 대학들의 정시 마감일은 거의 1월 1일부터 15일 사이에 몰려 있다. 물론 그 이후인 경우도 있다. 주립대학은 일부 대학을 제외하고 마감일이 다소 늦다. 명문 주립인 미시간 앤아버대학 정시 마감일은 2월 1일이다. 노스캐롤라이나 채플힐대학은 1월 15일이다. 펜실베니아 주립 유니버시티파크대학은 별도로 마감이 없다.

그렇다면 학자금보조 신청은 언제 해야 하나? 대학마다 다르다. 따라서 홈페이지에 나와 있는 주요 마감일을 꼭 확인해야 한다.

일반적으로 1월 1일에 원서를 마감하는 대학의 경우 학자금보조 신청은 원서 마감일과 같은 날인 1월 1일에서 1월 15일 사이이다. 1월 15일이 원서마감일 경우 재정보조 신청은 1월 15일부터 2월 1일 사이에 한다. 대체적으로 원서 마감일과 재정보조 마감일이 거의 동일하기 때문에 미리 준비하는 게 좋다.

어떤 학부모들은 재정보조 신청 마감일을 확인하지 않고 마감일을 놓쳐 가슴을 치며 후회하기도 한다.

대학마다 학자금보조 신청 서류 다르다

"저는 미국에 유학하고 있는 학생입니다. 주립대학뿐만 아니라 사립대학 여러 곳을 지원했습니다. 과연 학자금보조(장학금)를 받을 수 있을지 불안합니다. 학자금보조를 받으려면 앞으로 무엇을 해야 하는지 자세한 일정을 알려주시면 감사하겠습니다."

미국 대학에서 학자금보조를 받으려면 가장 먼저 국제학생에게도 학자금보조를 해주는 대학인지를 파악해야 한다. 또한 학자금보조 신청서 제출 시기를 파악하고, 신청서류 작성과 함께 어떤 서류를 제출해야 하는지 파악해야 한다.

학자금보조를 받지 않으면 학교에 다니기 힘든 가정의 학생과 학부모들은 재정지원 신청을 해놓고 마음을 졸인다. '재정지원 신청이 당락에 영향을 미치는 것은 아닌가? 합격을 시켜준다면 얼마를 지원해 줄까?' 필자에게 상담을 요청한 한 학생은 미국 대학에서 연간 2만 5000달러의 보조를 받았음에도 나머지 3만 달러를 부담할 수 없어서 결국 미국 대학을 포기했다.

학부모들 가운데 컨설팅 비용을 절약하기 위해 학자금보조 신청 서류인 CSS Profile을 스스로 작성하는 경우가 있다. CSS 프로파일 작성은 꽤 까다롭다. 급여 생활자는 비교적 간단한 반면 개인 사업자는 수입과 지출의 균형을 맞추기가 쉽지 않다. 즉 국세청에 수입은 3000만 원을 신청했는데 실제로 지출은 1억 원이 넘는 경우가 있다. 이 경우 수지균형을 맞출 수 없어서 미국 대학으로 하여금 진실성을 의심받을 수 있다.

영주권 혹은 시민권자 학생들은 CSS 프로파일 외에 연방 혹은 주 정부 학자금보조 신청 서류인 FAFSA를 제출해야 한다. 어떤 대학은 CSS 프로파일이 아닌 국제학생 학자금보조 신청 서류인 International Student Financial Aid Application(ISFAA) 양식 제출을 요구하기도 한다. 한 예로 아이비리그 대학 가운데 하나인 펜실베니아대학(유펜)은 학자금보조 신청이 다른 대학보다 까다롭다. CSS 프로파일 외에 학교 사이트에 들어가서 추가 서류(Penn Financial Aid Supplement)를 제출하도록 요구하고 있다.

사립대학들은 학교 고유 양식이나 다른 대학들과 다른 서류를 요구하는 경우가 있으니 꼼꼼하게 챙겨야 한다. 일단 재정보조 신청 서류를 제출했으면 대학에서 온 메일이 없는지 가능한 매일 체크를 해야 한다. 대학들은 학생에게 재정보조 신청시 제출한 서류 내용을 입증하는 추가 서류를 요청할 수 있다. 만일 학교가 추가 서류를 요청한다면 즉시 보내야 한다. 요청 서류를 보내지 않으면 학자금보조 액수가 깎이거나 받지 못하는 경우가 발생할 수 있다.

학자금보조 받더라도 학생, 학부모 분담금이 있다

학부모가 대학에 부담해야 하는 가정 부담금(Expected Family Contribut- ion, EFC) 액수는 미 의회가 만든 규정 공식에 따라 계산이 가능하다. 이 공식을 통해 학부모는 가정 소득, 자산, 이자소득, 가족 수와 같은 요소들을 바탕으로 자신이 부담해야 할 비용이 얼마인지 계산할 수 있다. 실제로 내야 하는 금액은 많은 요소에 따라 바뀐다.

미국 대학들은 학비를 학교와 학부모 그리고 학생이 각각 일정 금액을 부담하도록 하고 있다. 각 대학들은 계산 공식에 따라 학부모와 학생이 일정 금액을 부담하도록 하고 부족 금액을 학교가 부담한다. 학교가 부담하는 금액이 가장 크다. 학생도 교내에서 일정한 아르바이트를 하거나 여름방학 때 일을 해서 일정 금액을 내도록 하고 있다. 미국 시민권자나 영주권자들은 연방정부와 주정부가 별도로 일정 금액을 보조해 준다. 그러나 그 금액은 별로 크지 않다.

2015-2016 학생 분담금 조달 방법 및 분담금 액수

형태	분담금 조달 방법	1학년	2학년	3학년	4학년
Student Self-Help	파트타임 일거리, 여름 아르바이트, 외부장학금, 가족의 다른 재원, 은행 대출금	$2850	$3350	$3350	$3350
Student Income Contrubution	파트타임 일거리, 여름 아르바이트, 외부장학금, 가족의 다른 재원, 은행 대출금	$1625	$3050	$3050	$3050
총액		$4475	$6400	$6400	$6400

자료출처: 예일대 홈페이지

학생은 보통 학교에서 주는 아르바이트 일거리와 여름방학 때 버는 돈으로 자기 부담금을 낸다. 예일대는 학생이 스스로 벌어서 마련하는 자기부담금을 Self-Help라고 한다. 예일대는 2015-2016년도 자기부담금을 1학년은 2850달러, 2-4학년은 3350달러로 정했다. 자기부담금은 학교 외에서 받는 외부 장학금으로 대체할 수 있다. 예일대학은 학생이 학교에서 자기부담금으로 버는 것 외에 여름방학 때 아르바이트로 벌 수 있는 것을 포함시킨다. 예를 들어 1학년 학생이 여름방학 때 버는 아르바이트 수입으로 1625달러를, 2-4학년은 3035달러로 규정하고 있다. 학생은 이 금액을 무조건 부담해야 한다. 한국 학생들처럼 부모에게 손을 벌리는 것을 용납하지 않는다. 자신이 벌 수 있는 만큼 벌어서 학비를 조달하라는 것이다. 일반적으로 예일대학 외에 다른 미국 대학들은 학생이 외부에

서 장학금을 받을 경우 그만큼 제외하고 학자금보조를 준다.

입학할 때 못 받은 재정 지원, 재학 중에 받을 수 있나?

연구소로 온 메일 가운데 하나를 소개한다. 이 학생은 신입생 때 대학에서 재정 지원을 받지 않아도 됐다. 가정이 넉넉했다. 그러나 점차 가정형편이 어려워져서 2학년 이후 대학으로부터 재정 지원을 받아야 할 상황이 됐다.

> "저는 곧 미국 사립대학 2학년에 올라갑니다. 저는 입학할 때 미국 대학에 장학금이 있는 줄 몰랐고 또 가정경제도 괜찮았습니다. 입학하고 보니 저와 같이 입학한 한국 학생들 상당수가 연간 2만 달러 이상의 재정 지원(financial aid)을 받고 있었습니다. 저는 지금 집이 어려워져서 연간 5만 달러의 학비와 기숙사비를 부담하기 어려운 형편입니다. 지금이라도 학교로부터 재정 지원을 받을 수 있을까요? 받으려면 어떻게 해야 하나요?"

이렇게 입학할 때는 가정형편이 좋았지만 입학 후 가정경제가 나빠져 외부 도움 없이는 학업을 계속할 수 없는 상태에 빠지는 경우를 본다. 또한 입학 때 "재정 지원을 신청하면 당락에 영향을 미친다"는 주위의 말을 듣고 어려운 가정의 학생이 재정 지원 신청을 하지 않는 경우도 있다. 합격 후 보니까 대부분의 주변 학생들이 재정 지원을 받고 있어 뒤늦게라도 학자금보조를 받았으면 좋겠다는 생각을 한다.

미국 대학마다 학자금보조(Financial Aid) 정책이 다르다. 신입생 때 재정보조를 받지 않은 학생은 2~4학년 때 가정형편이 어려워져도 학자금보조를 신청할 수 없다고 규정한 대학들이 많다. 이런 경우가 거의 대부분이다. 우리가 일반적으로 잘 아는 스탠포드나 유펜, 브라운대학도 1학년 신입생 때 받지 못하면 나머지 학년에서 신청할 수 없다. 반면 하버드나 예일, 프린스턴대학 같은 경우 재학 중에도 가정형편이 어려워지면 학자금보조 신청을 할 수 있다. 따라서 대학이 어떤 학자금보조 정책을 쓰고 있는지 대학에 문의해 보는 것이 좋다.

이런 경우 대학 재무처(Financial Office)에 문의를 하는 것이 좋다. "1학년 때 신청을 하지 못했는데 가정형편이 어려워 지금이라도 신청하려고 하는데 가능하냐?"고 물어보고 대학으로부터 가능하다고 답을 받으면 즉시 지원서를 작성해야 한다.

어느 대학이 국제학생에게 학자금보조를 많이 주나?

"미국 대학 가운데 국제학생들에게 가장 많은 학자금보조를 주는 대학이 어디인가요?"

필자는 많은 학부모에게 이 질문을 받는다. 국제학생이란 미국 시민권, 혹은 영주권을 갖지 않은 학생이다. 일반적으로 미국 대학들은 국제학생들에게 학자금보조를 주는 데 인색하다. 하지만 그렇지 않은 대학들도 있다. 상당수 대학들이 국제학생들에게 학자금보조를 주고 또 성적우수장학금도 준다.

국제학생들에게 가장 많은 액수의 학자금보조를 주는 대학들은 박사과정이 있는 연구중심 종합대학과 박사과정이 없이 학부과정만 개설돼 있는 학부중심대학 가운데 상위권 대학들이다. 이 대학들은 국제학생들에게 많은 학자금보조를 주지만 입학하기가 결코 쉽지 않다. 한마디로 '하늘의 별 따기'다. 예일대학은 2017년 기준 국제학생에게 평균 5만 6630달러를 학자금보조로 주었다. 이 대학의 합격률은 6.9%다. 100명이 지원을 하면 이 가운데 7명만이 합격한다. 앰허스트대학은 5만 5121달러의 학자금보조를 주는데 합격률은 14.3%다. 100명이 지원을 하면 14명만 합격을 한다.

다음 표에 나와 있는 대학들은 2014년 기준 국제학생들에게 학자금보조를 많이 준 대학들이다. 유에스뉴스 자료다.

성경에 보면 예수는 밤새 고기잡이에 허탕을 친 제자 베드로에게 배 반대편에 그물을 치라고 하는 이야기가 나온다. 베드로는 그곳에 그물을 던졌고 그는 고기가 너무 많이 잡혀 그물을 끌어올리는 데 애를 먹는다. 바다나 강에서 고기를 잡을 때 아무 곳에나 그물을 내려서는 고기를 잡지 못한다. 고기가 모여 있는 곳이 따로 있다.

국제학생들에게 학자금보조 많이 준 미국 대학(2014)

대학명(주)	국제학생으로 2013-2014년에 재정보조 받은 학생수(명)	평균 재정보조 액수(달러)	US News 순위와 카테고리
Yale University (CT)	349	$56,630	3, National Universities
Amherst College (MA)	155	$55,121	2, National Liberal Arts Colleges
Williams College (MA)	87	$54,978	1, National Liberal Arts Colleges
Wesleyan Universtiy (CT)	80	$54,774	15(tie), National Liberal Arts Colleges
University of Chicago	80	$53,637	4(tie), National Universities
Skidmore College (NY)	98	$53,600	37(tie), National Liberal Arts Colleges
Stanford Universtiy (CA)	135	$53,287	4(tie), National Universities
Bates College (ME)	88	$52,427	19(tie), National Liberal Arts Colleges
Trinity College (CT)	159	$52,355	45(tie), National Liberal Arts Colleges
Harvard University (MA)	540	$51,854	2, National Universities

국제학생이 미국 대학에서 학자금보조를 받을 때도 마찬가지다. 미국 대학 홈페이지에세 학자금보조에 대한 정보를 주는 재정보조(financial aid)에 들어가 보면 국제학생들에 대해 매우 인색하거나 까다로운 것을 발견한다. 특히 국제학생에 대해 학자금보조를 해줄 수 있지만 제한적(limited)이라거나 경쟁적(competitive)

이란 표현을 쓰고 있다. 이 대학은 가난한 국제학생이 기대하는 만큼 충분한 액수를 지원해 주지 못한다는 이야기다.

미국 대학들의 국제학생들에 대한 학자금보조 정책은 거의 다 학자금보조 신청시 불리함(Need Aware) 정책이다. 따라서 미국 대학들에서 학자금보조를 받으려면 다음의 두 가지 요소를 반드시 고려해야 한다.

1. 국제학생에게 학자금보조를 해주는 대학인가? 학자금보조를 해주되 금액이 많고 국제학생 지원 비율도 높은가?

2. 학생이 학자금보조를 해주는 대학에 상위 25% 이내로 합격할 능력을 갖추고 있는가?

아이비리그들은 국제학생들에게 많은 액수의 학자금보조를 해주지만 그만큼 합격하기 어렵다. 또한 연구중심대학(National University) 중에는 국제학생들에게 비호의적인 대학들이 많다. 이런 대학에 학자금보조 신청을 하면 고기가 없는 바다에 그물을 던지는 것처럼 허탕을 칠 뿐 아니라 불합격되는 불행한 일을 겪게 된다.

학부중심대학이라고 국제학생들에게 다 너그러운 것은 아니지만 학부중심대학(Liberal Arts College)은 상대적으로 국제학생들에게 호의적이다. 학부중심대학 가운데 상위권 대학들은 국제학생들에게 많은 학자금보조를 준다. 그러나 이 대학들은 아이비리그 수준이기 때문에 입학하기가 결코 만만치 않다. 그럼에도 불구하고 많은 학자금보조를 기대하는 학생이라면 연구중심대학들보다는 학부중심대학을 선택하는 것이 좋다.

국제학생에게 Need Blind 정책을 쓰는 대학

그렇다면 학자금보조를 신청하지 않더라도 지원시에 불리하지 않는 정책을 쓰는 Need Blind 대학은 어딜까? 국제학생에게 학자금보조에서 Need Blind 정책을 쓰는 미국 대학들은 5개 학교다. 이런저런 대학들이 "우리 대학은 Need Blind 정책을 쓰고 있다"고 선언하고 있으나 인정을 받는 대학은 이 5개 대학뿐이다. 이 대학들은 학생의 경제적 능력을 고려하지 않고 학생이 대학에서 수학할 실력이 있다고 판단되면 합격을 시키고 재정보조를 준다. 몇 년 전까지 8개 대학이었으나 다트머스 칼리지, 윌리엄스 칼리지, 미들버리 칼리지가 탈락됐다. 현재는 MIT(Massachusetts Institute of Technology), Harvard College, Princeton University, Yale University, Amherst College 5개 대학이다.

아이비리그 대학인 코넬대학은 2017년까지 홈페이지에 국제학생들에게 Need Blind 정책을 쓴다고 주장했으나, 컨설팅 기관들이 이 대학을 Need Blind 대학에 넣지 않았을 뿐 아니라 지난해 스스로 이를 철회했다. 또한 조지타운대학이 지금도 홈페이지에 국제학생들에게 Need Blind 정책을 쓴다고 밝히고 있으나 역시 많은 관련 기관들이 이를 인정하지 않고 있다. 특히 조지타운대학은 국제학생에 대한 재정보조 비율이 아주 낮은 대학이다. 조지타운대학은 다른 Need Blind 대학과 달리 지원학생이 요구하는 수준의 재정 지원을 100% 해주지 않을 뿐 아니라 지원 액수가 매우 미미하고 국제학생들에게 주는 비용이 낮다.

하버드대학은 1학년 신입생의 81%에게 어떤 형태로든 학자금보조를 준다. 대학교가 주는 학자금보조(장학금)를 받는 학생은 66%로 1104명이 대상이다. 한 학생이 받는 학자금보조 평균 액수가 5만 3000달러다. 전체 학생 6658여 명 가운데 4868명이 학자금보조(장학금)를 받고, 그 평균 액수는 4만 1000달러가 된다. 가정소득이 6만 5000달러 미만인 학생에게는 학비 전액과 기숙사비, 식비 등 모든 비용을 지원해 준다는 것이 가장 큰 특징이다.

프린스턴 리뷰가 선정한 학자금보조 많이 주는 대학

미국 대학 입시 컨설팅 기관인 프린스턴 리뷰는 매년 학자금보조를 많이 해주는 대학 순위를 발표한다. 국제학생에게 학자금보조를 많이 해주는 대학을 따로 선정하지 않지만 일반적으로 학자금보조를 많이 해주는 대학이 국제학생들에게도 넉넉한 편이다.

프린스턴 리뷰는 재정보조를 주는 대학을 대상으로 각 대학에게 60점에서 99점까지 점수를 부여했다. 99점을 받은 대학을 보면 다음과 같다. 여기서 컬럼비아, 프린스턴, 예일대학을 제외하면 나머지 대학들은 학부중심대학(리버럴 아츠 칼리지)다. 이 자료를 통해서 봐도 연구중심대학들보다는 학부중심대학이 학자금 지원을 많이 해주는 것을 알 수 있다.

- Claremont McKenna College(Claremont, CA)
- Colgate University(Hamilton, NY)
- Columbia University(New York, NY)
- Grinnell College(Grinnell, IA)
- Pomona College(Claremont, CA)
- Princeton University(Princeton, NJ)
- Swarthmore College(Swarthmore, PA)
- Thomas Aquinas College(Santa Paula, CA)
- Vassar College(Poughkeepsie, NY)
- Yale University(New Haven, CT)

성적우수장학금을 주는 대학들

학생들에게 가장 많은 성적우수장학금을 주는 대학은 쿠퍼유니온(Cooper Union)이다. 이 대학은 신입생의 71%에게 성적우수장학금을 주고 있다. 평균 지급액은 3만 5천 달러다. 쿠퍼유니언은 성적우수장학금 외에 전 학생들에게 학비의 반액을 재정보조 해주고 있다. 몇 년 전까지 전액을 지원했으나 현재는 재정난으로 반액만을 지원하고 있다. 쿠퍼유니온은 향후 10년 내에 다시 전액 지원으로 환원할 계획이다. 플랭클린올린공대(Franklin Olin college of Engineering)도 학생 전원에게 반액 장학금을 주고 있다. 이 대학 역시 쿠퍼유니온처럼 과거 전액 지원을 했으나 재정난으로 반액을 주고 있다.

오하이오 주에 있는 리버럴 아츠 칼리지인 데니슨대학(Denison college)의 경우 신입생 42%에게 성적우수장학금을 준다. 시카고 예술학교(School of the Art Institute of Chicago)도 49%의 학생에게 장학금을 준다.

주립대학 가운데 성적우수장학금을 많이 주는 대학은 미시간대학(University of Michigan)이다. 약 46%의 학생이 성적우수장학금을 받는다. 노스타코타대학(North Dakota University)은 39%가 성적우수장학금을 받고 사우스캐롤라이나대학(University of South Carolina, Columbia)은 37% 학생에게 성적우수장학금을 준다. 성적우수장학금도 역시 사립대학이 많이 준다. 대부분 주립대학들의 장학금 지급률은 아주 낮다. 캘리포니아 어바인대학(University of California, Irvine)은 1%의 학생에게만 장학금을 준다. 캘리포니아 계열(UC) 대학들의 장학금 정책을 보여주는 단면이다. Need Based가 됐건 Merit Based가 됐건 재정지원을 받으려면 역시 사립대학으로 가야 한다는 것이다. 주립대학의 경우 부족한 학비를 보충하는 데 그리 큰 도움이 되지 않는다.

미국 대학 학자금보조 받기 위한 고등학교 학년별 준비

미국 대학, 특히 아이비리그 등 최상위권 명문 대학 진학 준비는 8학년도 빠르지 않다. 영어에 "Rome was not built in a day"(로마는 하루아침에 이루어지지 않았다)라는 말처럼 미국 명문 대학 진학 준비는 하루아침에 되지 않는다. 가정이 어려워서 미국 대학으로부터 꼭 학자금보조를 받아야 할 상황이라면 일찍부터 많은 준비와 노력이 필요하다.

먼저 가정의 현재 수입으로 미국 대학 학비 부담이 가능한가를 판단해야 한다. 대학 학비 부담은 의지만으로 되지 않는다. 이는 현실이다. 이렇게 수입 대비 학비 부담의 가능성 등을 검토하는 것을 '재무 설계'라고 한다. 일반적으로 재무 설계는 인생의 전 과정에 필요한 자산을 어떻게 효율적으로 모으고 사용하느냐를 파악하는 것을 말한다. 예를 들어서 결혼자금, 주택자금이 어느 시기에 얼마만큼 필요한지를 검토하고 그 시기에 맞추어 목표금액을 설정한 뒤 이에 맞게 자산 증식을 위해 자산운영 방법과 금융상품을 설정한다.

그러나 이를 담당하는 보험회사의 재무설계사들은 교육, 특히 해외 교육이라는 요소를 고려하지 않는다. 해외 교육에 대해 잘 모르기 때문이다. 자녀를 해외유학 보낼 때 들어가는 비용에 대해 인식도 없고 자료도 구할 수 없다. 생애에서 주택 구입이나 결혼은 어느 시기에 도달했을 때 들어가는 비용이 어느 정도 확정적이다. 반면 자녀의 교육은 예측이 어렵고 자녀를 학교에 보낼 시기가 되어서야 심각함을 깨닫는다.

반면 학자금 컨설턴트들은 자녀들이 9, 10학년 때 가정경제 상황에 맞춰 교육 플랜과 함께 학자금 설계를 하도록 학부모들에게 권유한다. 그러나 한국 부모들은 무조건적인 자녀 사랑에 무리하게 학자금 설계를 한다. "너는 공부만 잘해라. 어떻게든 유학을 보내줄게"라고 말하고 자녀에게 부모의 수입을 알려주지 않는다. 경제적 어려움을 드러내는 것을 금기시 한다.

필자에게 상담 오는 학생들에게 부모의 소득 수준을 아느냐고 물어보면 거의 아는 학생이 없다. 대학생들도 마찬가지다. 학생들에게 부모님의 학자금 지원 가능액을 물어보면 더욱 아는 학생이 없다. 자녀들도 가정의 소득규모와 경제상황을 알아야 한다. 그래야 지원 대학 선택에 신중해진다.

필자는 부모들에게 자녀가 10학년에서 11학년으로 올라가는 여름방학에 보다 구체적인 대학 진학 설계를 하면서 자녀에게 가계 소득과 가정의 경제 환경을 알려주라고 권한다. 자녀가 부모님의 연간 소득과 미국 대학 학비에 대한 정보를 파악하고 나면 자신의 미국 대학 선택이 신중해야 한다는 것을 알게 된다. 자녀는 자신이 학자금보조를 받을 수 있는 대학을 가야 한다는 것을 알게 되고, 이를 받을 수 있는 방법을 생각하게 된다.

우선 대학 지원이 1년 이상 남았을 때 EFC(Expected Family Contribution: 가정 부담 가능액)를 점검해야 한다. 대학이 홈페이지에 탑재해 놓은 계산기로 미리 산출할 수 있다. 이를 근거로 부담 가능 여부를 판단할 수 있다. 최근에는 연방정부가 대학별로 순 학비를 웹사이트에서 계산할 수 있도록 했다. 또한 도저히 학비를 부담할 수 없는 상황이 발생하면 그 대안인 플랜B를 고려해야 한다. 즉 소득 대비 학비를 지불하기 어렵다면 다른 대안을 찾아야 한다. 4년제가 아닌 커뮤니티 칼리지(CC)를 먼저 다니든지 아니면 사설 장학금을 찾아야 한다.

대학 지원 시간이 1년 미만일 때는 학자금보조 신청서(CSS Profile) 작성 공부를 시작해야 한다. 학자금보조 신청서 작성은 의외로 까다롭다. 실수하는 것이 이상하지 않을 정도다. 그러나 신청서 작성 실수는 학자금보조를 제대로 받지 못하는 결과를 낳는다. 도서관이나 서점에 가서 관련 서적을 통해 서류 양식을 어떻게 작성하는지 공부를 하는 것도 좋다. 인터넷, 유튜브에도 작성법 강의가 있다. 물론 학자금보조 세미나에도 참가해 배우는 것이 좋다. 미래교육연구소는 매월 무료 강의를 하고 있다.

부모는 세금 관련 자료를 모아야 한다. 더불어 대학의 학자금보조 신청서 제출 마감일을 파악하고 이를 꼭 지켜야 한다. 가정소득 기준년도는 한국 학생의 경우 11학년 때다. 원서 쓰기 전년도 세금자료를 근거로 적어내는 것이다. 만약 세금보고 자료가 준비되지 않았다면 추정치를 내야 한다.

더불어 학자금보조 용어를 정확히 이해해야 한다. 학자금보조 패키지를 받게 되면 거기에 나오는 용어를 확인하도록 노력해야 한다. 영어를 모국어로 쓰는 사람들도 헷갈리는 경우가 많다. 용어에 대해서는 이 책의 부록으로 정리해 놓았다.

검정고시 학생도 미국 대학 학자금보조를 받을 수 있다

검정고시는 한국 대입 검정고시와 미국의 GED(General Education Development)로 나눠 생각할 수 있다. 미국 GED도 한국 검정고시와 마찬가지로 고등학교 졸업능력을 인정하는 것이다. 따라서 두 시험을 통과한 학생이라면 미국 대학에 지원하는데 문제가 없다.

형식적으로 한국 검정고시를 본 학생들이 미국 대학, 특히 상위권 대학에 진학하는 데는 문제가 없다. 국내 대학의 경우 검정고시 출신자들이 불이익을 당하는 면이 분명 있다. 미국 일부 주립대학의 경우에도 GED 출신 학생들을 받지 않는 곳이 있다. 일반 정규 고등학교 출신과 GED 출신을 차별하는 것이다.

그러나 리버럴 아츠 칼리지의 경우 상당수 대학들이 차별을 두지 않고 오히려 이런 독특한 경험을 가진 학생들을 선호하는 경향이 있다. 따라서 필자는 GED 학생들이라면 주립대학보다 리버럴 아츠 칼리지를 선택하라고 조언을 한다. 특히 SAT, ACT가 준비되지 않은 학생들의 경우 GED, 검정고시 성적과 토플, 아이엘츠 성적만으로 미국 리버럴 아츠 칼리지에 지원하고 그곳에서 학자금보조를 받을 수 있다. 필자의 미래교육연구소 컨설팅을 통해 검정 고시 성적과 토플 혹은 아이엘츠 성적으로 미국 대학에 진학, 학자금보조를 받고 경제적 어려움 없이 공부하는 학생이 많다. 물론 SAT, ACT 점수를 확보해 제출하면 대학 선택 폭이 넓어진다. 따라서 능력이 된다면 한국 검정고시나 미국 GED를 한 학생들도 SAT, ACT를 준비하면 좋다.

미국 대학에 편입하려는데 학자금보조 받을 수 있을까?

A는 보스톤 칼리지(Boston College)를 다녔다. 그의 아카데믹 기록을 볼 때 훨씬 더 상위권 대학에 갈 수 있었다. 그러나 운이 따라주지 않았는지 더 높은 대학에서는 모두 입학을 거부당했다. 그는 입학하자마자 곧바로 편입 준비에 들어갔다. 그는 절치부심 노력한 끝에 결국 아이비리그 가운데 한 곳으로 2학년 때 편입을 했다.

B는 주립인 앨라바마대학(University of Alabama)에 갔다. 앨라바마주 제1 주립대학이지만 그는 고등학교 때 좀 더 노력을 하지 않은 것을 후회하고 2학년을 마치고 군대를 갔다. 군대에서 편입 준비를 해, 결국 명문 리버럴 아츠 칼리지에 연간 4만 2000달러의 학자금보조를 받고 편입에 성공했다.

C는 국내 대학교에 다녔다. 서울대, 연고대에 가지 못한 응어리

가 늘 남았다. 그는 군대 제대를 하면서 인생 노트를 새로 쓰길 원했다. C는 군대에 있으면서 편입 준비를 했다. 이라크 전투 지역으로 자원해서 갔다. 거기서 그는 혹독하게 준비를 했다. C는 SAT 시험을 새로 보고 철저하게 준비를 했다. 그는 아이비리그 대학 가운데 한 곳으로 편입을 했다.

이처럼 국내외 대학에 다니다가 편입을 통해 인생 진로를 변경하는 학생들이 많다. 현재 다니는 대학보다 더 나은 대학으로 가고 싶다는 욕구 때문이다. 미국 대학생들 가운데 30%가 편입을 시도한다. 한국 대학보다 편입이 용이하기 때문이다. 국내 대학들은 전공 편입 시험을 보지만 미국 대학들은 시험이란 제도가 없다. 편입에 있어 중요한 것은 대학 성적과 교수 추천서, 그리고 학업 계획서다. 특히 3학년으로 편입을 할 경우 고등학교 성적은 보지 않고 대학 기록들만 보게 된다.

편입을 하는 경우 학자금보조를 받아야 한다면 역시 대학 선택이 중요하다. 대학들마다 편입생, 특히 국제학생 편입생들에게 학자금보조를 주는 대학이 있고 그렇지 않은 대학들이 있기 때문이다. 편입 학자금보조를 받으려면 대학 선택이 더욱 까다롭다.

아이비리그 대학들은 모두 편입 국제학생들에게 학자금보조를 준다. 시카고대학은 신입 국제학생에게는 학자금보조를 주지만 국제 편입학생에게는 학자금보조를 주지 않는다. 듀크대학도 역시 편입 국제학생에게 학자금보조를 주지 않는 대학이다. 칼텍과 노스웨스턴대학도 신입 국제학생들에게는 많은 학자금보조를 주면서 편입 국제학생들에게는 학자금보조를 주지 않겠다고 밝히고 있다. 연구중심대학들 가운데 이렇게 편입과 신입의 재정보조 정책이 다르니 반드시 홈페이지나 대학에 일일이 어떤 정책을 갖고 있는지 물어봐야 한다.

학부중심대학도 연구중심대학과 비슷하다. 학부중심대학 가운데 최정점 대학인 윌리엄스 칼리지는 칼텍처럼 신입 국제학생들에게는 많은 재정보조를 주는 대학이지만 편입 국제학생들에게는 학자금보조를 주지 않는다고 밝히고 있다. 이런 리버럴 아츠 칼리지에는 스와츠모어, 포모나, 워싱턴앤리대학 등이 있다. 이 대학들 외에도 여러 리버럴 아츠 칼리지들이 같은 학자금보조 정책을 쓰고 있으니 일일이 파악하는 수고를 해야 한다. 그렇지 않을 경우 전문가 도움을 받는 것이 좋다.

편입시 학자금보조를 신청할 경우 준비해야 할 서류나 신청서 양식은 똑같다. 다만 세금 보고 서류를 내는 기준 시점이 다를 뿐이다. 즉 세금 관련 서류는 원서 지원 1년 전 서류다.

학비 연간 2천만 원 미만의 미국 대학들

미국 대학이라고 학비가 다 비싼 것은 아니다. 등록금이 연 2천만 원 미만인 대학도 많다.

A군은 피지에서 고등학교를 졸업했다. 그의 부모는 연간 최대

2만 달러밖에 부담할 수 없는 실정이다. A군은 필자의 미래교육연구소를 통해 미국 대학 가운데 연간 2만 달러 미만의 대학을 찾았다. 아래 대학들은 2017학년도 기준 연간 학비가 1만 달러 미만인 대학들이다. 미국에서 학비가 저렴한 대학으로 대표적인 대학인 알콘주립대학(Alcorn State University)은 학비가 6552달러다. 마이너트주립대학(Minot State University)은 6568달러다. 고돈주립대학(Gordon State College) 학비는 6761달러다. A군은 이 가운데 마이너트주립대학에 진학을 했다.

미국에서 사립 고등학교를 졸업한 B군은 기울어진 가정형편상 학비가 저렴한 주립대학을 선택할 수밖에 없었다. 그는 서울 강남의 모 유학원을 찾았고, 연간 2만 달러 미만의 대학 정보를 받고 텍사스 소재 미드웨스턴대학을 지원했다. 미드웨스턴대학의 연간 총 비용은 1만 7564달러로 학비가 1만 244달러, 기숙사비가 7320달러다. B군은 SAT 점수가 낮아서 더 높은 수준의 대학을 선택할 수도 없었다. 그러나 그는 미드웨스턴대학을 2학년까지 다니고 리버럴 아츠 칼리지로 옮겨 학자금보조를 받고 거의 같은 비용으로 더 높은 수준의 대학을 다니고 있다.

미국 대학들의 비용이 모두 4~7만 달러라는 것을 앞서 소개했다. 하지만 모든 대학들이 이렇게 비싼 것은 아니다. 총 비용이 연간 2만 달러 미만의 대학들도 꽤 있다. 앞서 소개한 노스다코타 주에 있는 마이너트주립대학은 학비 6568달러를 포함해 총 비용이 1만 3142달러밖에 안 든다. 이 대학은 노스다코타에서 세 번째로 큰 주립대학으로 지난 1913년에 개교를 했다. 이 대학은 미국에서 가장 저렴한 주립대학 가운데 하나다.

이외에도 연간 2만 달러 미만의 미국 주립대학들도 많다. 그렇다고 교육의 질이 형편없는 대학들이 아니다. 한적한 시골에 위치하고 있어서 저평가를 받는 것이다. 주립대학 학비만 저렴한 것은 아니다. 사립대학 가운데서도 총 비용이 2만 달러 내외인 대학이 있다. 그 대표적인 대학이 브리검영대학(Brigham young University)이다. 이 대학은 유타 주와 아이다호 주 그리고 하와이 주에 각각 총 3개의 캠퍼스가 있는데 모두 다 저렴하다. 한 예로 브리검영 하와이 분교의 경우 학비, 기숙사비, 식비까지 총 비용이 2만 2700달러다. 국제학생에게 요구하는 영어 공인성적은 토플 61점으로 일반적인 대학들보다 낮다. 이 대학은 기독교의 한 종파인 몰몬교가 세운 학교로 한국의 정통 기독교 신자들이라면 다소 꺼릴 수도 있다. 그러나 타 종교를 갖고 있거나 종교에 배타적이지 않은 가난한 학부모라면 과감하게 자녀를 이곳에 보내도 된다. 중국 학생들이 많이 지원을 하고 있다. 교육의 질 대비 학비 면에서 가성비가 가장 좋은 대학이다.

연간 학비 1만 달러 미만의 대학 하나를 소개하고자 한다. 노스다코타 주에 위치한 디킨슨주립대학(Dickinson state University)이다. 총 학생 1300여 명의 작은 주립대학이다. 국제학생 학비는 9226달러이고 기숙사비는 6724달러다. 토플 점수는 71점이면 된다. 이 대학에는 여러 전공들이 개설돼 있다. 비즈니스와 컴퓨터

학비 1만 달러 미만의 미국 대학들

School name (state)		Tuition and fees (2016-2017)
Alcorn State University (MS)	Mississippi	$6,552
Minot State University (ND)	North Dakota	$6,568
Gordon State College (GA)	Georgia	$6,761
University of Texas of the Permian Basin	Texas	$7,866
Central State University (OH)	Ohio	$8,096
Southwest Minnesota State University	Minnesota	$8,336
Bemidji State University (MN)	Minnesota	$8,386
New Mexico Highlands University	New Mexico	$8,650
Dickinson State University (ND)	North Dakota	$8,918
West Texas A&M University	Texas	$8,959

참고 자료: 유에스뉴스

사이언스 전공도 있다. 특히 교육학 분야 전공이 많다. 헬스 프로페셔널 전공도 많이 개설돼 있다.

국제학생이 무료로 다닐 수 있는 대학도 있다. 딥스프링스대학(Deep Springs College)이 대표적인 예다. 이 대학은 4년제가 아닌 2년제다. 4년제 대학으로 가는 통로다. 캘리포니아 주에 있는 이 대학은 학비, 기숙사비, 식비 등 모든 비용이 무료다. 물론 그냥 무료가 아니다. 학비를 내는 대신에 일(노동)을 해야 한다. 대학은 학생들이 노동을 하는 대가로 학비와 기숙사비 등 비용을 받지 않는다. 이 대학은 학생들이 자치적으로 운영한다. 입학사정에서부터 교수 채용, 청소, 관리, 운영까지 모두 학생이 담당을 한다. 이 대학 2년을 마치면 다수 학생들이 4년제 대학으로 편입을 한다. 이 대학 자료에 따르면 UC버클리, 예일, 브라운, 스탠퍼드 등 명문 대학으로 옮겨서 계속 공부를 한다. 더욱 특이한 것은 이 대학 졸업생의 절반 이상이 대학원에 진학, 박사과정까지 간다.

이렇게 저렴한 대학들을 소개하면 일반 학부모들 가운데는 '싼 게 비지떡'이라고 비하하는 사람들이 있다. 굳이 그럴 필요는 없다. 학비를 부담하지 못해 대학에 가지 못하는 것보다 저렴한 학비를 내고 대학을 졸업해 대학원에서 승부를 거는 것이 좋을 수 있다. 물론 중간에 학자금보조를 받고 얼마든지 편입이 가능하다.

학비를 저렴하게 내고 다니는 방법 하나가 더 있다. 국제학생이 주 거주민(In state) 학비를 내고 다닐 수 있다.

"저는 국내 일반고 3학년 학부모입니다. 아이는 미국 대학 준비를 하고 있습니다. 내신은 2등급이고 토플도 90점이 됩니다. 문제는 경제적으로 어려워서 연간 4~5천만 원 학비를 부담할 수 없다는 것입니다. 해결 방법이 없을까요?"

충분히 가능하다. 학비 부담 없이 미국 대학에 가는 방법은 세 가지다. 하나는 학자금보조를 받아서 가는 길이다. SAT, ACT가 준비되지 않았다면 내신과 토플 성적만으로 학자금보조를 받아서 갈 수 있는 대학도 있다.

두 번째로는 국제학생이지만 주 거주민 학비(In State Tuition)를 내고 다니는 길이다. 대략 14개 대학이 국제학생들에게 미국 거주민 학비를 받는다. 이 경우 일반 주립대학에 다니는 국제학생의 절반 혹은 1/3 수준의 학비를 내면 된다. 가장 대표적인 대학이 세인트클라우드대학(St. Cloud State University)이다. 이 대학은 미네소타 주 주립대학으로 꽤 큰 규모의 주립대학이다. 국제학생 학비가 연 1만 5000달러 수준으로 매우 저렴하다. 그런데 주 거주민 학비로 내면 연 800만 원(7900달러)으로 낮아진다.

세 번째로는 커뮤니티 칼리지(Community College)로 가는 방법이다. 이 경우 학비는 대체적으로 1만 달러 미만이다. 주 거주민 학비로 가는 것과 비슷하다. 세 가지 방법 가운데 가장 좋은 방법은 첫 번째로 학자금보조를 받아서 가는 방법이다. 그러나 두 번째, 세 번째 방법도 괜찮은 선택이다.

GILMAN HALL

chapter 04

가난한 아빠, 미 명문대 학부모 되기

가난한 아빠,
미국 명문대 학부모 되기

미국 대학들이 주는 학자금보조(장학금)를 받아라

미국 대학들이 국제학생들에게 학자금보조를 준다는 사실은 앞 장에서 상세히 설명했다. 이번 장에서는 구체적으로 어떻게 받을 수 있는가에 대한 방법을 소개한다. 미국 대학의 학비에 대한 기본 원칙은 수익자 부담이다. 공짜는 없다. 부모도 학생도 많든 적든 일정 부분을 부담해야 한다. 대학에서 공부할 때 들어가는 비용에 대해서는 각 가정이 1차적 책임이 있고 대부분 부모들이 학자금 책임을 진다. 그런데 그 부모들이 학자금을 지원할 수 없을 만큼 어려울 경우 대학과 정부는 이 학생들에게 학비보조를 해준다. 학생들은 대학에 진학하는 시점에 경제 활동을 하지 않고 재산과 소득이 없기 때문에 각 대학들은 부모의 재산과 소득을 기준으로 학생의 학자금 지원 수준을 결정한다.

학자금 지원이 필요한 학생에게 보조를 해주는 주체는 정부와 각 대학이다. 그러나 정부가 가난한 학생들에게 지급하는 보조금 액수는 크지 않다. 금액의 총 규모는 클지 몰라도 개별 학생이 받는 금액은 적다. 미화로 몇 천 달러, 한국 돈으로 몇 백만 원 수준이다. 이것도 미국 시민권자나 영주권자 학생만 받을 수 있다. 따라서 학자금 지원의 가장 큰 주체는 각 대학이다. 각 대학들은 동문이나 기업 등 외부로부터 받은 재원(endowment)을 바탕으로 가정경제 여건이 어려운 학생들에게 재정적 지원, 즉 학자금보조를 해준다.

자녀가 대학에 합격하면 대학별로 각 가정이 부담해야 할 총 비용이 결정된다. 이것을 보통 'Estimated Standard Student Charges'(학생 부담금 추정액)이라고 한다. 이것은 보통 학비(Tuition & Fee), 기숙사비와 식비(Room & Board)로 구성되고, 여기에 건강보험료, 오리엔테이션 비용, 학생회비, 책값, 개인 용돈 등이 합해져서 학생이 부담해야 할 학비 총액(Cost Attendance, COA)이 결정된다.

여기서 부모와 학생이 경제적으로 부담할 수 있는 액수, 즉 가정 부담금(Expected Family Contribution, EFC)이 결정된다. 따라서 각 대학이 학생에게 지급하는 학자금보조는 앞서 설명한 학자금 총액(COA)에서 가정 부담금(EFC)을 뺀 액수를 기준으로 정해진다.

학자금보조 혜택은 크게 4가지로 나눠진다.

1) Need Based Grant-경제상황에 따라 지급하는 학자금보조로 합격에 영향을 미치지 않는 Need Blind와 합격에 영향을 미치는 Need Aware로 나뉜다.
2) Merit Based Scholarship-성적이 우수한 학생에게 주는 전통적인 장학금이다.
3) Loan(융자)-대학이 갖고 있는 재원에서 저렴한 이율로 빌려 주는 돈으로 졸업 후 상환해야 한다.
4) Student Employment-대학에서 학생에게 일정한 일거리를 제공하고 이의 대가로 받는 근로장학금을 말한다.

다음의 표는 유펜이 학부모 학생들의 이해를 돕기 위해 제공한 학자금보조(Financial Aid) 그래픽이다. 론을 제외하고 학교에 내야 할 비용이 4만 9900달러다. 이 가운데 학부모가 9700달러, 학생이 3300달러를 각각 부담하겠다는 의사를 밝혔다. 대학에 내야 할 4만 9900달러 가운데 학부모와 학생이 부담하겠다고 밝힌 비용을 제외하면 나머지는 4만 6600달러다. 대학이 이 비용을 도와주겠다는 개념이 학자금보조 정책이다.

참고로 2012년에 미국 명문 리버럴 아츠 칼리지(학부중심대학)인 오버린 칼리지(Oberlin College)에 입학해 연간 4만 4755달러의 학자금보조(장학금)를 받은 L양의 학자금보조 내역을 보자.

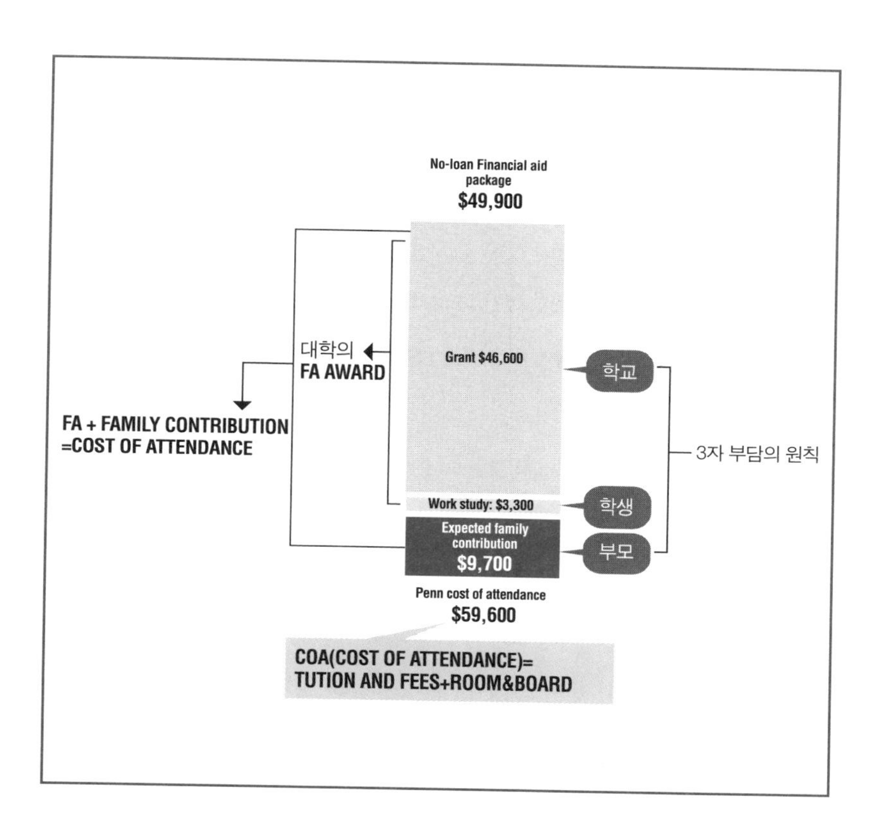

이 학생이 학교에 내야 할 총 금액은

1)학비(Tuition) $4만 4512

2)기숙사비(Multi-Occupancy Room) $6270

3)식비(Dining) $5800

4)클럽활동비(Activity Fee) $394

이 항목을 모두 합친 비용, 즉 총 학비(Total Estimated Standard

Charges)는 5만 6976달러가 된다. 이 학생은 자신이 경제적으로 매우 어렵다는 것을 학교에 제시했다. 학교는 이 학생에게 다음과 같은 학자금보조(Financial Aid)를 제시했다.

1)국제학생보조금(International Grant) $3만 1355

2)존 F 오버린 장학금(John F. Oberlin Scholarship) $7000

3)오버린 국제학생 융자(Oberlin International Loan) $4000

4)오버린 칼리지 근로장학금(Oberlin College Employment) $2만 4000

일반적으로 대학들은 학자금보조를 할 때 패키지(package)로 준다. 대학에 따라서 이 패키지가 달라진다. 아이비리그 대학들은 성적 또는 특기 장학금(Scholarship)이 없다. 하버드, 유펜 같은 경우에는 학자금 융자가 없다. 리버럴 아츠 칼리지인 윌리엄스 칼리지도 최근 학자금 융자를 없애 버렸다. 학생들에게 학자금 대출로 짐을 지우지 않겠다는 배려다. 사회 출발을 하면서 빚을 지고 나가는 것이 안타까워 취한 명문 대학들의 배려다. 그러나 이런 몇몇 대학들을 제외하고는 거의 모든 대학들이 네 가지로 구성된 학자금 패키지를 제공한다.

◆학자금보조 종류

Merit-Based Scholarship(성적우수장학금): 흔히 알고 있는 장학금은 성적이 우수한 학생의 학업을 장려하는 개념의 Merit-Based

Scholarship이다. 성적우수장학금을 위한 신청서는 따로 없고 모든 학생들이 자동적으로 심사 대상이 된다. 원서와 같이 제출한 SAT/ACT 성적 및 고등학교 성적표 등 학업적 요소와 리더십, 음악, 체육특기자, 봉사활동 등 비학업적 요소를 고루 심사해 선발된 학생에게 장학금을 제공한다.

아이비리그 대학들은 성적우수장학금이 없으며, 그 외 사립 연구중심대학들은 반액부터 전액 규모의 성적우수장학금을 최상위권 입학 학생들에게 제공한다. 주립대학들은 주 정부에서 제공되는 자금으로 운영되기 때문에 학생들에게 제공하는 장학금의 액수가 적다.

Need-Based Grant(학자금보조): 미국 대학 학자금보조는 Need-Based Grant다. 이는 학생 가정의 재정 상황에 따라 재정적 필요(Needs)가 입증된 학생에게 대학이 학자금보조를 제공하는 것이다. 미국 시민권 또는 영주권이 있는 학생의 경우, 미국 주/연방정부 또는 민간 장학단체에서 주는 지원도 Grant에 포함된다. 지원 받은 돈은 나중에 되갚지 않아도 되는 돈으로 '천사가 주는 돈'(Angel Money)이라고 불리기도 한다.

Work-Study(근로지원금): 대학에서 제공하는 학자금보조와 장학금으로 재정적 필요가 충당되지 못할 경우 학생들에게 제공하는 근로지원금이다. 학교에서 일정한 일을 하고 그 대가로 지원금을 받게 되며, 학생은 근로장학금을 받을지 여부를 선택할 수 있다. 근로장학금을 거부할 경우 그만큼을 공제한 보조를 제공한다.

Loan(학자금 대출): 학교에서 주는 보조금과 성적우수장학금 그리고 근로장학금으로도 재정적 필요가 모두 충당되지 않는 경우에 남은 차액만큼 대학에서 대출받는다. 이는 학생이 졸업 후 되갚아야 하는 돈이며, 민간 은행에서 대출을 받는 것보다 이율이 낮다.

Need-Blind와 Need-Aware의 차이는 무엇일까? 각 대학은 학생 가정의 재정적 상황만을 고려하는 Need-Based Grant를 심사하는 고유정책을 갖고 있으며, 크게 Need-Blind와 Need-Aware 정책으로 나뉜다.

Need-Blind란 입학사정 때 학자금보조를 신청했는지를 보지 않는 정책이다. 즉 재정 지원 여부가 입학사정에 영향을 미치지 않는다는 의미다. 국제학생에게 Need-Blind가 적용되는 대학은 5개로 Harvard, Princeton, Yale, MIT, Amherst 대학이다. 반면 미국 시민권 또는 영주권을 소유한 학생에게는 많은 대학들이 Need-Blind 정책을 쓰고 있다.

반면 Need-Aware는 입학사정 시 학자금보조를 신청했는지 미리 파악하고 입학사정에 반영하는 정책이다. 이 경우 학자금보조를 신청한 학생이 학자금보조를 신청하지 않은 학생에 비해 입학사정이 불리해질 수 있다. 미국 대부분의 대학들은 국제학생에게

Need-Aware 정책을 쓰고 있다. 따라서 학자금보조를 신청하는 국제학생의 경우 학자금보조를 신청하지 않고 지원하는 학생들보다 성적 및 비교과 활동(Non-academic Activities)이 월등히 좋아야 한다.

SAT 점수만으로 예시를 들자면, SAT 점수가 1530점인 학생이 SAT 합격 평균 점수가 1500점인 학교에 지원했을 때, 학자금보조를 신청하지 않았다면 합격할 가능성이 높지만 학자금보조를 신청했다면 합격할 가능성이 학자금보조를 신청하지 않은 학생들에 비해 낮아지게 된다.

그렇다면 재정보조 신청서는 언제 제출하나? 미국 대학들은 대학 원서를 제출할 때 학자금보조 신청을 해야 한다. 합격하고 나서는 신청 자격이 없다. 미국 대학들은 'The admitted student can't apply for financial aid'(합격한 학생은 학자금보조를 신청할 수 없다)고 밝히고 있다.

미국 대학들은 국제학생들에게 재정보조를 줄 때 가급적 우수학생들을 선발해 학자금보조를 주고 싶어 한다. 간단히 얘기하면 가정형편이 어렵더라도 대학에서 재정 지원해서 데려오고 싶을 정도의 우수한 학생에게만 학자금보조를 제공한다.

◆가정 부담금(Family Contribution)과 3자 부담의 원칙

미국 대학들은 학자금보조 규정상 3자 부담의 원칙이 있다. 3자란 학생, 학부모, 그리고 대학을 뜻한다. 즉, 총 학비에서 학생이 부담해야 할 부분과 부모님이 부담해야 하는 부분을 제외한 나머지를 대학에서 지원해 준다.

미국 학생들은 고등학교 때부터 아르바이트를 시작하기 때문에 보통 대학교 진학 전에 모아둔 돈이 조금 있다. 하지만, 한국 학생들은 대부분 부모가 학비를 지원해 주고, 학자금보조 신청서는 부모님의 재정 상황에 따라 작성한다. 대학은 신청서에 적힌 정보들을 근거로 부모의 부담금 액수를 산출한다. 산출된 학부모 부담금을 대학에서 그대로 인정해 주지 않는 경우도 있다. 일부 대학들은 가정이 최소한 이 금액을 부담해야 한다는 부담금 최고(Minimum) 액수를 제시하기도 한다.

◆ Meet 100% Needs

Need-Based Grant는 대학 합격 후, 가정의 재정 상황을 바탕으로 재정적 필요가 입증되었을 때 제공받을 수 있다. 대학 홈페이지에 간혹 'Meet 100% Needs'라는 문구가 나온다. 어떤 부모들은 "아 학비 전액, 100%를 준다는 거구나"라고 오역을 하는데 이는 학비 전액을 제공한다는 뜻이 아니고 각 가정의 재정적 필요로 입증된 금액을 제공한다는 뜻이다. 그렇다고 미국의 모든 대학들이 각 가정이 제시한 자료를 통해 입증한 금액 전부를 모두 지원해 주는 것은 아니다.

예를 들어, 학비가 6만 달러 대학에 학자금보조 신청서를 제출해 학생 가정에서 2만 달러를 부담할 수 있다는 계산이 나왔다면 'Meet 100% Needs'인 대학은 학비($60,000)에서 가정 부담금($20,000)을 제외한 4만 달러를 학자금보조를 통해 제공한다. 하지만 이 정책을 적용하지 않는 대학은 학비에서 가정 부담금을 제외한 4만 달러에 대해 100%로 모두 제공하지 않을 가능성이 높다.

학자금보조(장학금)에 대한 오해

미국 대학 학자금보조에 대한 관심이 높아진 만큼 인터넷에는 이에 대한 많은 정보들이 올라오고 있다. 하지만 대부분은 이곳저곳에서 옮겨진 글들이 많으며, 정확한 정보가 아닌 경우가 많다. '집이 있어서, 연봉이 높아서, 예금이 많아서, 성적이 낮아서' 학자금보조를 받기 어렵다고 막연하게 얘기하지만 실제 학자금보조를 받은 가정들의 재정 상황을 보면 '집이 있어도, 연봉이 높아도, 예금이 있어도, 성적이 다소 낮아도' 받을 수 있다는 것을 확인할 수 있다.

◆ 오해 1: 미국 대학은 학자금보조를 성적순으로 준다.

학자금보조에 대해 가장 흔히 하는 오해 중 하나가 바로 성적순으로 학자금보조를 받는다는 것이다. 하지만, 이는 전혀 사실이 아니다. 미국 대학에서 얘기하는 학자금보조, 즉 Financial Aid의 본래 취지는 재정적 필요(Need-Based)가 입증된 학생에게만 학자금보조를 제공하는 것이다.

학자금보조를 신청 후 받는 Award Letter(학자금보조 통지서)에 Scholarship으로 표기되는 부분을 성적우수장학금으로 생각하는 부모님들이 많다. 몇몇 대학들은 성적우수장학금과 학자금보조의 구분 없이 Scholarship으로 통합하기 때문이다. 따라서 학자금보조 신청서를 제출했음에도 Award Letter에 Scholarship만 나온 것을 보고 학자금보조를 못 받았다고 실망하지 않아도 된다.

◆ 오해 2: 연봉이 높으면 학자금보조를 받을 수 없다.

대학에서 학자금보조를 신청한 가정의 재정 상황에서 가장 중요하게 보는 것은 소득을 감안한 지출이다. 과연 발생하는 소득에 맞춰 적당하고 합당한 지출이 있는지, 그래서 과연 소득에서 얼마만큼을 학비로 낼 수 있는지를 확인한다. 그래서 연봉이 높다고 해서 학자금보조를 받을 수 없는 것은 절대 아니다.

연 12만 달러의 소득이 발생하는 가정에서 미국 사립대학에 다니는 두 자녀의 학비를 각 6만 달러씩 지출하게 된다면, 해당 가정에는 생활비가 남지 않는다. 대학 측에서는 소득 규모에도 불구하고 이런 가정을 결코 부유하다고 보지 않는다. 또는 연 10만 달러 소득이 발생하는 가정에서 가족 구성원의 지병으로 인해 병원비로 약 2만 달러를 지출하고, 대학 학비로 6만 달러를 지출하면 이 또한 결코 부유한 가정이 아니다.

그렇기 때문에 학자금보조 신청서를 작성할 때 대학에서 학자금보조가 필요한 가정이라고 판단할 만한 요소가 있다면 이를 잘 설명하고 입증하는 것이 중요하다. 결국 위와 같이 합당한 지출이 있다면 가정의 총 소득이 전혀 문제되지 않는다. 구체적인 금액 내역과 가족 가운데 누구에 대한 지출인지를 학자금보조 신청서에 자세히 적고 해당 지출에 대한 증빙 서류를 미리 준비해서 신청서와 같이 제출하면 된다. 단, 지출을 과대하게 부풀려 작성하거나 없는 지출을 있다고 거짓으로 작성하면 추후 증빙서류를 요청할 시 큰 문제가 될 수 있다. 학부모나 학생은 항상 사실에 근거하여 학자금보조 신청서를 작성해야 한다.

◆ 오해 3: 학자금보조를 신청하면 합격에 불리한 영향을 끼친다.

학자금보조를 신청해야 하는 가정 재정 상황이지만 선뜻 진행하지 못하는 학부모들이 많다. 바로 학자금보조를 신청하면 무조건 불리하다는 생각 때문이다. 학자금보조를 신청하면 합격에 불리한 영향을 끼친다는 것에 대해선 일률적으로 '그렇다' 또는 '아니다'로 대답할 수 없다. 이는 Need-Blind와 Need-Aware 정책과 긴밀한 관계가 있다.

Need-Blind 정책을 사용하는 대학의 경우 학자금보조 신청이 학생의 입학 심사와 관계가 없다고 선언했기 때문에, 학자금보조를 신청한다고 해도 합격에 불리한 영향을 끼치지 않는다. 이런 대학은 입학사무처(Office of Admission)와 재무처(Office of Financial Aid)가 분리되어 있다. 합격 학생의 정보가 입학사무처에서 재무처로 전달되면 그때부터 학자금보조 신청서를 검토하여 책정된 예산에서 학자금보조 예산을 배분한다. 그렇기 때문에 Need-Blind 정책을 쓰는 대학은 학자금보조 신청 여부에 상관없이 입학사정이 진행된다.

반대로 Need-Aware 정책을 사용하는 대학은 학자금보조를 신청했을 때 입학에 불리한 영향을 받을 수 있다. 하지만, 학생이 우수한 학업 성적과 비교과 활동을 가지고 있다면 학자금보조를 신청한 것이 크게 문제가 되지 않는다. 학자금보조를 신청했더라도 공부 잘하고 주관이 뚜렷한 우수학생이라면 대학에서 합격시켜 학자금보조를 제공하는 것을 마다할 이유가 없다.

◆ 오해 4: 학자금보조는 대학으로부터 합격 통지서를 받은 후 신청한다.

미국 대학 입시원서를 작성하기 시작할 때 부모님들이 가장 혼란스러워 하는 부분 중 하나가 바로 학자금보조는 언제 신청하느냐는 것이다. 예전에는 학자금보조 신청서는 입시원서 제출 후 약 2주 정도 여유 기간을 주었으나, 최근에는 입시 지원과 학자금보조 지원을 동시에 마감한다. 이게 달라진 트렌드다.

Need-Blind 정책을 사용하는 대학의 경우 제시된 마감일을 지키는 것이 중요하지만, 합격 발표가 난 이후에도 학자금보조 신청서를 받아주는 경우가 드물게 있다. 먼저 대학에 양해를 구하고 왜 늦게 제출하게 되었는지를 설명해야 한다. 대학에서 기금이 얼마 남지 않았지만 신청을 해보라는 답변을 받으면 그때라도 학자금보조 신청서를 제출하면 된다. 하지만, 이미 책정된 학자금보조 예산이 고갈되어 학자금보조를 제공할 수 없다는 답변을 받으면 학자금보조 신청은 불가하다.

Need-Aware 정책을 쓰는 대학의 경우 홈페이지에 제시된 학자금보조 마감일을 반드시 지켜야 한다. 일부 대학에서는 마감일 이후와 합격 발표가 나기 전 학자금보조 신청서를 제출해도 소수의 신청서를 받아주기는 한다. 하지만 합격 발표가 난 이후 학자금보조 신청서를 제출하면 거부된다.

학자금보조(장학금)를 많이 받기 위한 전략

학자금보조(Financial Aid)에 대한 개념이 잡혔고 오해도 풀렸다면, 이제 어떻게 하면 학자금보조를 많이 받을 수 있는지 생각해봐야 한다.

가능한 빨리 신청한다

학자금보조는 정확히 'First Come, First Served'다. 먼저 오는 사람이 혜택을 많이 받을 가능성이 높다. 이는 뷔페에 가는 것과 같은 원리라 생각하면 된다. 먼저 온 사람은 풍성하고 갓 조리된 음식을 먹을 수 있지만, 늦게 오는 사람은 식고 남은 음식을 먹어야 한다. 2012년 4월에 일리노이 주정부 학자금보조 예산이 고갈되어 자격을 갖추었지만 늦게 신청한 주 거주학생 13만이 주정부에서 나오는 학자금보조를 받지 못한 사례가 있다.

이는 미국 학생 사례이지만, '빠른 신청'은 국제학생에게도 해당될 수 있다. 학자금보조 신청서의 하나인 CSS Profile의 경우 일찍 작성을 시작해 제출하면 그만큼 학자금보조를 더 많이 받을 가능성이 있다. 물론 이에 대해 이론을 제기하는 사람도 있다. 합격자를 모두 놓고 학자금보조 예산 범위에서 보조 액수를 정하기 때문에 일찍 내도 유리하지 않다고 주장한다. 그런데 미래교육연구소의 지난 10년간 컨설팅 데이터를 분석해 보면 같은 대학에서 Early(수시)로 지원한 학생이 Regular(정시) 때 지원한 학생보다 더 많은 학자금보조를 받았다.

비록 학자금보조 신청서 제출 마감일이 지났어도 대학과 협의해서 가능한 빨리 신청서를 제출해야 한다. 늦더라도 포기하면 안 된다. 늦게 내는 것이 아예 안 내는 것보다는 받을 수 있는 가능성이 있다. 신청서 제출 마감일이 4~5일 지난 학생들이 뒤늦게 재정보조 신청 필요성을 느끼고 대학 측에 CSS 프로파일을 제출해도 되느냐 물어서 성공한 사례도 있다.

전문가에게 도움을 요청한다

부모들은 자녀가 영어를 잘하기 때문에 학자금보조 신청서 정도는 충분히 작성할 수 있다고 생각한다. 우수한 학생들 가운데는 본인이 학자금보조 신청서를 작성해서 제출해 많은 학자금보조를 받아내기도 한다. 하지만 학자금보조 신청서는 작성자가 재정적 용어나 가정경제 상황을 얼마나 잘 이해하느냐가 중요하다. 자녀가 영어를 잘한다 하더라도, IRS(미국 국세청)에 제출한 세금 보고서(Tax Return, Business Report) 등을 잘 이해할 수 있는지 의문을 가질 수밖에 없다. 실제 미국 세금 관련 용어나 시스템을 이해하는 학생들은 별로 없다. 더욱이 한국의 경우, 기업의 재무제표나 대차대조표를 읽고 기업 세무 보고서(Business Report)를 작성할 수 있는 학생은 거의 없다.

학자금보조 신청서를 잘못 작성하면 연간 수천만 원의 학자금보조가 날아간다. 전문가에게 지불하는 약간의 비용을 아끼려다가 학자금보조 액수가 대폭 깎이거나 심지어 받지 못하는 경우도 생긴다. 대학에서 학부모에게 학자금보조 신청 관련 보충 서류를 요청했는데 그게 어떤 서류인지 몰라 잘못 보내거나 보내지 않아 결국 학자금보조를 아예 받지 못한 경우도 보았다. 어떤 학생은 뒤늦게 대학에서 요청하는 서류를 파악하기 위해 컨설팅 업체를 찾지만 제출 기한을 훨씬 넘기기도 했다. 학자금보조 신청서를 잘못 작성한 경우 과거에는 수정이 가능했으나 최근에는 잘못 기재한 학자금보조 신청서를 한번 제출하면 이후 수정이 불가능하다.

거짓으로 학자금보조 신청서를 작성하면 안 된다

학자금보조 신청시 소득이 적다고 유리한 것도, 소득이 높다고 무조건 불리한 것도 아니다. 대학에서는 가정의 연 소득과 함께 지출 내역을 꼼꼼히 살펴본다. 연간 생활비는 7~8천만 원을 쓰는데, 세무서에 확인해 보니 세금을 한 푼도 내지 않는, 즉 허위로 세금 보고를 한 부모도 있었다.

학자금보조 신청서는 각 가정의 생활비는 물론 여러 항목들을 세목별로 꼼꼼하게 작성하도록 되어 있고, 대학에서 신청서와 서류들을 꼼꼼히 확인하다 보면 학부모가 어느 부분을 숨기고 또는 거짓으로 작성했는지 파악할 수 있다. 그래서 대학은 수지균형이 맞지 않는 가정에 이렇게 된 상황을 설명하도록 요청하거나 증빙할 수 있는 서류 제출을 요구한다. 이때 각 가정이 대학에서 요구하는 서류들을 제출하지 못하면 학자금보조를 받을 수 없다.

처음만 잘 숨기면 괜찮을 것이라 생각하는 부모님도 있지만, 많은 대학이 학년이 올라갈 때마다 학자금보조 신청서를 갱신해 제출하도록 요구한다. 거짓으로 작성한 학자금보조 신청서가 첫 해에 무사히 넘어갔다고 안심할 수 없는 이유다. 신청서 갱신 과정에서도 과거 서류들을 검토해 거짓으로 신청서가 작성된 것이 밝혀지면, 일부 대학은 그 동안 받은 학자금보조에 이자까지 더해 물게 하고 심하면 대학에서 퇴학, 혹은 추방까지 당하게 된다는 점을 명심해야 한다.

최근 한국 학부모들의 재정보조 신청 서류 및 확인 서류들을 가짜로 작성하거나 제출한다는 소문이 돌고 있다. 특히 일부 몰지각한 미국 대학 장학금 컨설팅 업체들이 표준 신청서를 만들어 놓고 그대로 베껴서 내도록 한다는 소문이다. 그래서 그런지 최근 미국 대학들이 추가 서류 제출을 요구하는 사례가 늘고 있다.

학부중심대학(Liberal Arts College)에 지원하라

미국의 여러 대학이 입학 정원을 채우는 데 어려움을 겪고 있다. 정원을 채우기 위해 다른 주(State)나 타국에서 온 학생들에게 상대적으로 많은 학자금보조와 장학금을 제공하고 있다. 특히 소규모 학부중심대학인 Liberal Arts College는 학생 수에 비해 많은 대학 기금을 확보하고 있다. 최상위권 대학일수록 대학 기금이 풍부하고 이에 비례해 학자금보조 혜택도 많다. 또한 다양성을 강조해 주립대학들보다 국제학생들에게 관대한 편이다. 지역적으로 본다면 중서부와 북동부 지역이 학생 수 감소로 어려움을 겪고 있어, 해당 지역을 전략적으로 지원하는 것도 좋다.

하지만 안타깝게도 학부모들은 학부중심대학, Liberal Arts College에 대한 이해와 정보가 부족하다. 한국 학부모들은 한국인에게 '유명하지 않은' 사립대학보다는 이름이 많이 알려진 주립대학에 진학하길 원한다. 학비만 비교했을 땐 주립대학이 사립대학보다 저렴한 편이지만, 주립대학은 국제학생에게 성적우수장학금이 아닌 가정형편에 따라 주는 학자금보조(Financial Aid)를 주지 않는다. 성적우수장학금이 나오지만 이는 대체적으로 1만 달러 미만으로 사립대학에서 제공하는 재정보조와 비교가 안 된다.

대학 지원금 외 외부 장학금 또는 재정보조를 찾아본다

일부 가정의 경우 수입이 많아서 혹은 다른 이유로 대학이 주는 학자금보조를 받지 못한다. 이럴 경우엔 대학에서 주는 학자금보조 이외 장학금을 찾아야 한다. 이를 외부 장학금, Outside Scholarship이라 부른다. 대학 외 다른 기관에 신청서를 작성해 제출하면 다양한 액수의 지원을 받을 수 있다. 대체적으로 금액이 크진 않지만 여러 기관에서 받게 되는 장학금을 모으면 큰 액수가 되기도 한다. 예를 들어 2000~3000달러 정도의 외부 장학금을 20~30개씩 지원해 그 중 10개 기관에서 2500달러씩 받으면 총 합이 2만 5000달러가 된다. 이는 웬만한 대학의 학자금보조 액수만큼 된다. 하지만, 한국 학생들은 이런 외부 장학금에 대한 정보가 거의 없고, 건별 액수가 적다고 거들떠보지 않기도 한다. 인터넷, 지역 사회 단체, 종교 기관 등에서 학비를 조달할 수 있는 방법도 있다.

학자금보조(장학금) 신청서 종류 및 작성 가이드

학생과 부모님들이 작성해야 하는 학자금보조 장학금 지원서는 여러 종류가 있으나, 보편적으로 대학에서 요구하는 신청서로는 CSS Profile, ISFAA, FAFSA 등이 있다.

◆**CSS Profile:** College Scholarship Service Profile의 약자로 미국 대학에서 대표적으로 사용하는 학자금보조 지원서다. College Board에서 주관하기 때문에 College Board 사이트에서 온라인 지원서를 작성하고 제출해야 한다.

◆**ISFAA:** International Student Financial Aid Application의 약자로 역시 국제학생을 위한 학자금보조 장학금 지원서다. CSS Profile이 온라인 양식이고 ISFAA는 오프라인 양식이다.

◆**FAFSA:** Free Application for Federal Student Aid의 약자로 미국의 시민권 또는 영주권을 소지한 학생들을 위한 연방 학자금보조 장학금 지원서다. 연방 학생 학비 보조처, Federal Student Aid에서 주관하며, Social Security Number(사회보장번호)를 반드시 갖고 있어야 한다.

◆**학교 개별 양식:** 일부 대학들은 학교 고유의 학자금보조 장학금 신청서를 제출을 요구한다.

◆**COF:** Certificate/Certification of Finances의 약자로 국제학생이 비자 및 I-20(입학 허가서)을 발급 받기 위해 필요한 재정 보증 서류다. 학자금보조 신청을 위한 서류는 아니지만 학자금보조 신청서와 함께 제출이 요구된다. 많은 학부모와 학생들은 이 서류를

학자금보조 신청서로 오해한다.

I. CSS Profile 작성 가이드

CSS Profile은 한마디로 학자금보조(Financial Aid) 신청서다. 지원자 가정 경제 관련 정보를 수집하여 약 400개의 대학 및 장학금 프로그램을 통해 각 대학에 보낸다. 일부 대학에서는 이혼 또는 별거한 가정의 경우 친부모와 양부모 모두의 정보를 요구하기도 한다. CSS Profile은 매년 10월 1일부터 작성이 가능하다.

1. CSS Profile 작성 방법

❶ https://cssprofile.collegeboard.org/로 접속한 다음 'Sign In to Apply' 클릭 후, College Board 계정을 사용하여 'Sign In' 한다. SAT, SAT Subject, AP시험 등을 본 학생의 경우 기존에 개설한 College Board 계정을 동일하게 사용하면 되고, College Board 계정이 없는 학생의 경우엔 'Sign Up'을 클릭해 계정을 만들어야 한다.

지원자가 1학년이 되는 년도(입학년도)를 신중히 선택해야 한다. 예를 들어, 2018년 가을학기에 입학하는 학생은 Fall 2018이 있는 버튼을 선택하면 된다. 년도 버튼을 잘못 선택하게 되면 지원자가 입학하는 년도에 학자금보조 신청서가 제출되지 않게 되어, 해당 년도에 학자금보조를 받지 못하게 된다. 이는 매우 중요한 정보다.

❷ 기존의 CSS Profile과 대대적 개편을 마친 2018-19년도 CSS Profile의 가장 큰 차이점은 Registration 단계가 생략되었다는 것이다.

College Board 계정을 사용해 로그인을 한 후 'Begin New PROFILE for 20XX-XX(입학년도)'를 클릭하면 해당 년도의 CSS Profile을 바로 작성할 수 있다.

2. CSS Profile 작성시 유의 사항

영어로 작성: CSS Profile은 표준 미국식 키보드 문자(알파벳, 숫자, 구두점 등)를 사용하여 영어로 작성해야 한다. 표준 미국식 키보드 문자에서 찾을 수 없는 기호나 문자를 사용할 경우 작성된 내용이 제대로 처리되지 않을 수 있다.

숫자(정수)로 작성: CSS Profile은 학자금보조 신청서이기 때문에 대부분 문항들을 금액으로 기입해야 한다. 이때, 문장 부호(쉼표, 마침표, 통화 기호 등)는 절대 사용하지 않아야 하며, 오직 숫자(정수)로만 기입해야 한다. 만약 미국 달러로 기입하는 학생이라면 cent(센트)이하는 반올림하여 달러(dollar) 금액까지 기입하면 된다.

화폐 단위 확인: CSS Profile은 신청서 내 기재되는 화폐 단위를 선택할 수 있다. 이는 환율에 의한 잘못된 정보가 전달되지 않도록 하기 위함이고, 학생 가정에서 실제 사용하고 있는 화폐 단위를 선택하고 해당 화폐에 맞춰 문항을 작성하면 된다.

예를 들어 한국에 거주하는 학생의 경우 'South Korean Won'(대한민국 원화)로 선택한 후 원화 기준으로 금액을 작성하면 된다. 미국에서 유학 중인 학생인데 부모님이 한국에 거주하고 소득 및 지출이 발생한다면 이 또한 'South Korean Won'으로 선택해 금액을 원화 기준으로 작성해야 한다.

하지만, 미국 시민권 또는 영주권을 가진 학생의 경우 화폐 단위를 선택하지 못하며, 부모님이 한국에서 소득과 지출이 발생하더라도 무조건 미국 달러로 CSS Profile을 작성해야 하는 점을 꼭 기억해야 한다. 이를 착각해 미국 달러로 된 CSS Profile에 원화로 금액을 작성했다면 이는 최소 1000배 이상의 잘못된 정보가 기입되는 것이고, 추후 수정이 불가능하기 때문에 꼭 기억해야 한다.

이어서 작성 가능: CSS Profile은 작성 중간에 저장할 수 있으며, 추후에 저장된 내용에 이어서 작성이 가능하다. 그렇기 때문에 한 번에 다 작성하지 않아도 된다.

3. CSS Profile 제출

CSS Profile을 모두 작성하고 나면 College Board에 신청서를 제출해야 한다. 처음 제출할 시 기본 전형료 25달러(대학 또는 프로그램 1개 포함)가 발생하고, 이후 대학/프로그램 1개를 추가할 때마다 16달러를 지불해야 한다. American Express, Discover, Master Card, Visa 등 신용카드를 이용해 온라인으로 결제할 수 있다.

CSS Profile을 제출하는 대학/프로그램의 마감일을 정확히 파악하고, 마감일 전 약 3일의 여유를 두고 신청서를 제출하는 것이 바람직하다. 마감일에 임박해 서류를 제출할 경우 지원자들이 몰려 제 시간에 제출이 완료되지 않을 수도 있기 때문이다. '막차는 타지 마라'고 필자는 말하고 싶다.

4. CSS Profile 대학 및 프로그램 추가, 그리고 신청서 수정

CSS Profile을 처음 제출하기 전까지는 언제든지 대학/프로그램을 제출 리스트에 추가할 수 있다. 게다가 제출 전에는 입력한 정보들을 얼마든지, 언제든지 수정할 수 있다.

하지만, CSS Profile을 제출한 순간부터 College Board는 제출된 재정 정보를 처리하고, 제출 리스트에 있는 대학/프로그램에 학생의 CSS Profile을 전달한다. 신청서가 전달된 후에는 제출 리스트에서 대학/프로그램을 제거할 수 없으며, 새로운 정보의 입력, 즉 업데이트가 불가능하다.

첫 번째 서류 제출이 성공적으로 끝나고 나면, 동일한 내용을 바탕으로 다른 대학/프로그램을 추가해 CSS Profile을 제출할 수 있다.

5. CSS Profile 작성 할 때 이것만은 꼭!

가정 부담금(Family Contribution): CSS Profile을 포함하여 학자금 보조 신청서를 작성할 때 가장 신중하게 작성해야 하는 항목 중 하나가 바로 가정 부담금이다. CSS Profile 내 Student Income -

Student Resources - The student's parents 칸에 가정 부담금을 적을 수 있으며, 1년을 기준으로 부모님이 자녀를 위해 얼마만큼의 대학 학비를 지불할 수 있는지를 기입하면 된다.

하지만 부모님이 기입한 가정 부담금을 대학 측에서 100% 그대로 인정해 주지 않는다. 대학은 CSS Profile 내 기재된 재정 정보와 가정 부담금을 바탕으로 학생에게 필요한 금액을 자체적으로 계산하여 장학금(Scholarship), 보조금(Grant), 근로장학금(Work study), 대여금(Loan)으로 구성해 학자금보조로 지급한다. 각 대학마다 계산하는 방식이 조금씩 다르므로 동일한 CSS Profile을 바탕으로 계산하더라도 각 대학에서 지급하는 학자금보조 액수는 다를 수 있다.

Special Circumstances: CSS Profile의 대부분 문항들은 수치로 대답해야 한다. 그러나 일부 상황에서는 수치로 대답하기 어렵거나 왜 이런 수치가 나왔는지 부가설명이 필요한 경우가 있다. CSS Profile 제일 하단에 위치한 특별한 상황 설명하기(Special Circumstances) 부분에 각 가정이 처한 특수 상황을 기술할 수 있는 곳이 있다.

2018-19년도에 업데이트 된 CSS Profile에서는 제시된 Circumstances(상황들) 중에서 가정에 해당되는 사항을 선택해 설명할 수 있게 해주었다. 이를 통해 대학 측에서 그 가정이 처한 특별한 상황을 파악하는 데 도움이 될 수 있다. 여기에는 이직

(Change in employment), 특별한 의료비(Exceptional medical or dental expenses), 다른 형제의 학비(Siblings in private school) 등 가정의 소득 및 지출과 관련된 특별한 상황들이 나와 있으며, 제시된 상황들은 중복 선택이 가능하다. 각 상황을 서술하면서 객관적인 수치를 함께 제시하면 추후 대학 측에서 가정 부담금을 산출할 때 도움이 될 수 있다. 또한, 특수 상황이 없더라도 왜 꼭 학자금보조가 필요한지 설명할 수도 있다.

각 가정의 특별한 상황(Circumstances) 칸에는 2000자까지 작성 가능하며, 2000자 이상 작성이 필요하다면 별도로 작성해 직접 대학에 제출해야 한다.

해당 사항이 아닐 경우: 추가 재정 서류를 요청하지 않는 이상, 학자금보조를 신청할 때 제출한 소득 서류와 CSS Profile에 기입된 정보만을 바탕으로 학생 가정의 재정능력을 파악한다. 일부 문항들은 학생 가정에 해당되지 않는 경우가 있어 빈칸으로 두는 학부모들이 있다. 하지만, 이를 빈칸으로 둘 경우 대학들은 해당되지 않아서 공란으로 둔 것인지 아니면 일부러 공란으로 둔 것인지 파악할 수 없다. 그렇기 때문에 대학 측에서 학생 가정의 재정 능력을 정확히 파악할 수 있도록, 해당되지 않는 문항에 대해선 꼭 '0'을 기입하는 것이 오해를 줄일 수 있는 방법이다.

또한, Yes/No를 선택하는 문항들 뒤에는 대부분 왜 Yes인지 또는 왜 No인지 물어보는 문항이 바로 이어진다. 그렇기 때문에 항상 CSS Profile의 문항을 끝까지 읽어보고, 이어지는 문항에 대한 답변을 마무리할 수 있도록 작성해야 한다.

가정 상황에 따른 부가 제출 서류들 확인: CSS Profile에서는 각 가정의 상황에 따라 부가적으로 제출해야 하는 서류들이 추가되기도 한다.

학부모가 농장 또는 개인 사업체를 운영하는 경우, Business/Farm Supplement를 작성해 제출한다. 이는 업체의 기본 일반 정보 및 재무 정보(예: 수입, 지출, 자산, 부채 등)를 기입하는 것이다.

부모가 이혼(Divorced) 또는 별거(Separated) 상태인 경우, 양육권이 없는 부모(Noncustodial parent)에 대한 인적 사항 및 재정 상황을 기재해야 하는 Noncustodial Profile을 작성해 제출해야 한다. 만약 Noncustodial Profile 작성이 어려운 경우라면 대학 측에 이의 제출을 면제해 달라는 청원서 Noncustodial Profile Waiver Petition을 작성해야 하며, 이에 대한 내용을 뒷받침해 줄 수 있는 서류도 같이 제출해야 한다.

마지막으로 확인 또 확인(검토의 중요성): 이미 CSS Profile을 제출한 적이 있거나 SAT 또는 AP 시험을 본 학생의 경우, 일부 정보들(예: 생년월일, 연락처, 주소, 이메일 등)이 미리 기재되어 있을 수 있다. 그러니 CSS Profile 작성이 다 끝난 후 꼭 꼼꼼히 점검한 후 제출해야 한다.

6. IDOC 제출

IDOC는 Institution Documentation Service의 약자다. 이는 각 가정의 재정 서류를 온라인으로 제출할 수 있게 College Board가 운영하는 지원 시스템이다. CSS Profile를 제출하고 나면 학생의 이메일 주소로 IDOC 계정 안내 이메일을 받게 된다. 안내에 따라 계정을 로그인 하면 학생 고유의 IDOC가 개설되며, 재정 서류를 업로드 할 수 있다. 학생의 국적, 가정의 소득 형태 등에 따라 요구받는 제출 서류들이 다르기 때문에, IDOC에 나의 제출 서류 리스트에 맞춰 요구되는 재정 서류들을 업로드 해야 한다.

IDOC 제출을 요구하는 기관(대학 또는 프로그램) 및 마감 기한: IDOC를 통해 재정 서류를 받는 대학/프로그램이 나와 있는 리스트다. 학교명 옆에는 Deadline(마감일)이 나와 있으나, 해당 마감일은 미국 학생들을 기준으로 하기 때문에 한국 국적 또는 미국 국적이 아닌 국제학생들의 경우, 대학 홈페이지에 나와 있는 서류 제출 마감일을 꼭 확인해서 그 전에 서류들을 제출해야 한다.

CSS Profile을 제출했지만 해당 리스트에 포함되지 않는 대학이 있을 경우, IDOC가 아니라 직접 재정 서류를 받거나 합격 후 재정 서류를 받는 것일 수 있다. 그러니 꼭 대학 홈페이지를 들어가서 어떻게 언제까지 재정 서류를 제출하게끔 요청하는지 확인해야 한다.

Required Documents: 제출해야 하는 재정 서류들 목록이 나와 있다. 각 서류별로 누구에게 해당되는 서류인지와 어느 대학에서 제출을 요구했는지를 확인할 수 있다. 'Upload Document(s)'를 클릭해 스캔 된 재정 서류들을 업로드 할 수 있다. 모든 서류들이 다 제출되었을 경우 'All required documents have been submitted and are processed.'(필요한 서류가 모두 제출됐다)라는 문구가 나타난다.

Processed Documents: 업로드 한 서류 중 IDOC에서 확인 후 처리된 서류와 날짜를 확인할 수 있다. 해당 칸에 나온 서류에 대해서 대학에서 확인이 가능하다. 보통 업로드 된 후 처리되기까지 3~5일 정도의 시간이 소요되며, 업로드 된 파일명과 처리된 파일명이 다르게 나오는 경우도 있다.

Uploaded Documents: Required Documents 칸에서 업로드 한 서류와 업로드 한 날짜를 확인할 수 있는 칸이다.

II. ISFAA 작성 가이드

ISFAA는 International Student Financial Aid Application의 약자로 국제학생들을 위한 오프라인 학자금보조 신청서이다. 일부

대학들은 CSS Profile 대신 ISFAA 제출을 요구할 때도 있다. 매년 유사한 양식을 유지하지만, 입학 년도별 업데이트 된 양식이 나오기 때문에 College Board나 대학 홈페이지에서 지원하고자 하는 입학 년도의 신청서를 확인해야 한다. 또한, College Board에서 제공하는 ISFAA가 아닌 대학 자체에서 만든 개별 양식을 ISFAA라 명시하는 경우도 있기 때문에, 학교 홈페이지를 통해 어떤 ISFAA 형식을 요구하는지 정확히 파악 후 신청서를 작성해야 한다.

ISFAA는 CSS Profile과 마찬가지로 기본적인 학생과 부모님의 신상 정보(생년 월일, 주소, 이메일, 부모 직업 등) 및 재정 상황(가정 소득, 지출, 자산, 부채 등)을 기입해 제출한다. 또한 신청서에 부모가 학비를 얼마나 부담할 수 있는지를 학교 측에 전달하는 가정 부담금(Family Contribution)도 기입해야 한다. 이는 추후 대학에서 학생 가정의 학비 지불 능력(EFC: Expected Family Contribution)을 계산하는 데 바탕이 되기 때문에 가족간의 충분한 상의 후 신중히 결정해야 한다.

ISFAA와 CSS Profile에 동일한 내용을 기입하게 된다면, 굳이 두 가지 학자금보조 신청서가 필요하지 않을 것이다. 그러나 두 신청서를 보면 비슷한 것 같으면서도 차이점이 있다.

1. 화폐 단위: 국제학생의 경우 CSS Profile은 학생이 거주하는 현지 통화로 기입해야 한다. 하지만, ISFAA는 무조건 미국 달러 기준으로 기입해야 한다.

2. **가정 부담금 작성 기준**: CSS Profile에서는 가정 부담금(Family Contribution)을 입학 년도 기준으로 1년치 금액만 기입하게 되어 있다. 이와 반대로 ISFAA는 학생이 입학하는 년도부터 졸업할 때까지인 4년 동안의 가정 부담금을 매년 얼마나 지원할지 기입해야 한다.

3. **수정 가능 여부**: CSS Profile은 한번 제출이 된 이후엔 작성된 내용을 변경할 수 없다. 오직 제출 리스트에 대학/프로그램을 추가하는 것만 가능하며, 추가되는 대학에서 요구하는 대학별 추가 질문(Supplemental Questions)에 대한 답변만 기재할 수 있다. ISFAA는 신청서를 요구하는 대학에 직접 제출이 가능하며, 대학마다 요구하는 ISFAA 형식 및 서류가 다르기 때문에 재정 정보를 수정해 제출할 수 있다. 예를 들어 수시 지원(Early Decision 및 Early Actions) 할 때와 정시 지원(Regular Decisions) 할 때 재정이 변동되었다면 ISFAA는 정시 때 신청서 내 정보를 수정해 제출할 수 있다. 하지만, CSS Profile은 이미 수시 때 작성된 내용을 수정할 수 없어 나중에 정시로 지원하는 대학 측에 이메일을 보내 바뀐 상황을 설명해야 한다. 이때 대학에서는 바뀐 상황에 대한 부가적인 서류를 요청할 수 있으니, 해당 부분은 신중히 진행해야 한다.

4. **신청서 제출 방법 및 수수료 여부**: CSS Profile은 신청서를 제출하면 College Board에서 학생 가정의 재정 정보를 처리해서 제출 리

스트에 포함된 대학/프로그램에 전달하는 방식으로 진행된다. 하지만 ISFAA는 지원하는 대학에 직접 제출해야 하며, 온라인 업로드, 이메일, 팩스, 우편 등 대학별로 요구하는 방식이 다르기 때문에 각 대학에서 지정한 방식에 따라 제출하면 된다. 다른 기관을 거치지 않고 ISFAA를 대학에 직접 제출하기 때문에 제출에 따른 수수료나 전형료는 없다.

III. 미국 시민권자, 영주권자 FAFSA 작성 가이드

FAFSA는 Free Application for Federal Student Aid의 약자다. 이는 미국 정부에서 자국민에게 학자금보조를 제공하기 위해 만든 학자금보조 신청서다. 따라서 대상은 미국 시민권자 또는 영주권자 학생이며 미국의 Social Security Number(사회보장번호)를 보유한 학생만 작성할 수 있다. 따라서 영주권 신청이 진행 중인 학생은 대상이 아니다.

1. FAFSA 작성 방법

❶ https://fafsa.ed.gov/로 접속한 다음 'Start A New FAFSA'를 클릭한 후, FSA 계정을 입력하고 'Next'를 클릭한다. FSA 계정은 https://fsaid.ed.gov/npas/index.htm/에서 개설할 수 있으며, 학생 이름, 생년월일, Social Security Number, 이메일 주소 등 간단한 인적 사항만 입력하면 된다. FSA 계정을 개설하지 않고 학생의 인적 사항만으로도 FAFSA 작성은 가능하지만, 나중에 FAFSA 제출시 FSA 계정이 필요하기 때문에

계정을 미리 만든 후 FAFSA를 작성하는 것이 편리하다.

❷ CSS Profile과 마찬가지로 지원자가 1학년이 되는 년도(입학 년도)를 꼭 확인한 후 지원서를 작성해야 한다. 학생이 입학하는 년도와 학자금보조 지원서에 나온 년도가 다르게 되면, 학자금보조 신청서가 제대로 제출되지 않게 되어 최악의 경우 학자금보조를 받지 못 하는 상황이 올 수 있다.

2. FAFSA 제출 및 대학, 프로그램 추가

FAFSA는 미 정부에서 주관하는 학자금보조 신청서이기 때문에 따로 수수료가 발생되지 않는다. 그리고 FAFSA는 한 번에 최대 10개 대학까지 무료로 제출이 가능하다. 만약 10개 이상의 대학에 FAFSA를 제출하고 싶다면, 제출 마감일이 빠른 대학 10개에 먼저 FAFSA를 제출한 다음 제출된 정보들이 모두 처리되면, 첫 번째 리스트에 있던 대학들을 리스트에서 모두 제거하고 마감일이 늦은 대학들을 추가한 후 FAFSA를 제출하면 된다.

3. FAFSA 제출시 유의사항

FAFSA를 제출하는 마지막 페이지에서는 본인 확인을 위해 학생과 부모 중 한 사람이 FSA 계정을 기입해야 한다. 하지만 FSA 계정은 미국의 Social Security Number(사회보장번호)가 있는 미국 시민권자 또는 영주권자만 개설이 가능하다. 만약 부모 중 한 사람이라도 Social Security Number가 있으면 FSA 계정을 학생과

FAFSA를 작성할 때 Tip!

A. 부모는 미국 시민권/영주권을 갖고 있지 않고, 학생만 미국 시민권/영주권을 갖고 있는 가족도 있다. FAFSA는 학생 기준으로 작성되기 때문에 부모님이 미국 시민권/영주권을 갖고 있지 않더라도 작성할 수 있다.

B. CSS Profile과는 달리 FAFSA에서는 신청서를 작성하는 화폐 단위를 선택할 수 있는 부분이 없다. 미국 시민권/영주권을 갖고 있는 학생만이 FAFSA를 작성할 수 있기 때문에 신청서 내 모든 문항은 미국 달러(USD)로 기입해야 한다.

C. FAFSA는 2017~18년도부터 학생이 지원하는 학년도 기준으로 2년 전 부모님의 소득 자료를 요청하고 있다. 예를 들어, 2019~20년도에 입학하게 되는 학생이라면 2019년에서 2년 전인 2017년도 소득 자료를 FAFSA에 작성해야 한다. 이는 CSS Profile과 똑같이 진행되기 때문에, FAFSA에 기입된 숫자들이 CSS Profile과 동일한지 꼭 확인해야 한다. 만약 두 신청서간의 숫자의 차이가 클 경우 대학에서 정확한 확인을 요청할 것이다.

동일한 과정으로 개설해서 FAFSA를 온라인 상으로 제출하면 된다.

그러나 학생만 미국 시민권/영주권을 갖고 있을 경우엔 학생은 FSA 계정을 사용하고, 부모는 Signature Page를 출력하여 서명을 한 뒤 Federal Student Aid에 우편으로 송부해야 한다. 사무처 주소와 서류 진행에 대한 내용이 Signature Page 내에 자세히 나와 있으며, 서류가 사무처에 도착한 후 처리되는 데 약 2~4주 정도의 시간이 소요된다.

4. FAFSA 제출 후 수정

CSS Profile은 앞서 설명을 했듯이 제출 이후 수정이 불가능하다. 하지만, FAFSA의 경우 원한다면 제출된 정보들이 처리(Process)된 이후에도 수정해 다시 제출하는 것이 가능하다. 만약 부모님이 사회보장번호를 갖고 있지 않아 Signature Page로 제출을 진행했다면, FAFSA 내 부모 관련 정보를 수정했을 때 Signature Page를 다시 우편으로 송부해서 재 인증을 진행해야 한다.

FAFSA는 제출한 후에도 여러 번 수정이 가능하지만 수정된 정보가 처리될 때마다 각 대학에 학생의 정보가 계속 전달되기 때문에, 너무 자주 수정할 경우 정보가 제대로 처리되지 못할 가능성이 있다. 그러므로 가능한 한 번에 대학에서 처리할 수 있도록 FAFSA를 신중히 작성해야 한다.

IV. COF 작성 가이드

COF는 Certification of Finances의 약자다. 추후 대학 합격시 비자 및 I-20(입학허가서) 발급 용도로 대학에서 제출을 요구하는 서류다. 그래서 학자금보조를 신청하지 않은 학생을 포함해 모든 국제학생들은 대학원서 제출시 또는 합격 후 학비에 대한 출처를 증빙하기 위해 COF를 제출해야 한다. 일반적으로 학자금보조를 신청하는 학생의 경우 ISFAA와 COF를 같이 요구하는 경우가 많다.

COF에 기입되는 금액은 등록금(Tuition)과 기숙사 및 식비(Room & Board)를 포함한 총 학비(Cost of Attendance)를 커버해야 하며, 1년 단위로 총 4년의 학비에 대한 재정 계획(누가, 얼마나, 어떻게)을 입증할 수 있는 서류(은행잔고증명, Award Letter 장학금 통지서 등)를 대학에 제출해야 한다.

1. 학자금보조 신청 학생이 COF 작성할 때 체크 포인트 1

학자금보조를 신청하지 않은 학생의 경우 1년 학비를 모두 부담할 수 있는 액수가 담긴 부모의 은행잔고 증명과 COF를 제출해 진행하면 된다. 하지만, 학자금보조를 신청한 학생의 경우 다른 학자금보조 신청서에 적힌 부모님 부담금과 COF에 적힌 부모님 부담금이 일치하는지 꼭 확인해야 한다. 예를 들어, 재정보조 신청서에는 실제 부모가 학비로 부담할 수 있는 금액을 잘 적었더라도, COF에는 학자금보조에 관한 내용이 나오지 않아 1년 학비 전액을 부담하겠다고 실수로 기입하는 경우가 종종 있다. 이럴 경우, 신청서의 내용이 서로 충돌하게 되어 학자금보조 신청에 대한 진정성을 의심받게 된다.

2. 학자금보조 신청 학생이 COF 작성할 때 체크 포인트 2

대부분 대학들은 College Board에서 제공하는 COF를 사용하지만, 일부 자체 COF 형식을 갖고 있는 대학도 있다. 또한, 대부분 대학들은 COF를 학자금보조 신청서를 제출할 때 같이 제출하라고 하는 반면, 합격 후 학자금보조를 제공하고 나서 COF 제출을 요구하는 대학도 있다. 그렇기 때문에, 각 학교별로 요구하는 신청서와 서류와 제출 마감일을 필히 확인해야 한다.

학자금보조(장학금)를 받은 후 유지 방법

학자금보조를 받는 것도 중요하지만 제공받은 학자금보조를 4년 동안 잘 지키는 것도 중요하다. 4년간 학생 가정의 재정 상황이 어떻게 바뀌더라도 입학 때 받은 액수 그대로 동일하게 학자금보조를 지원하는 대학이 있는가 하면, 변화된 재정 상황을 파악하기 위해 매년 학자금보조 신청서를 다시 제출하게 하는 대학도 있다. 이런 과정을 Renewal(갱신)이라고 부른다. 갱신을 하는 대학의 경우, 재정 상황이 입학 때보다 더 나빠졌으면 학자금보조를 더 주며, 반대로 재정 상황이 더 좋아졌으면 학자금보조를 줄이거나 안

주기도 한다. 게다가 학자금보조에 성적우수장학금이 포함된 학생이라면 대학에서 정한 기준보다 성적이 낮은 경우 성적우수장학금 자격이 박탈될 수 있다.

1. 입학 시 제출했던 학자금보조 신청서와 재정 서류들을 보관해 둔다.

미국 시민권자 또는 영주권자인 학생의 경우 매년 FAFSA를 작성해 제출해야 하며, 대학에 따라 CSS Profile도 작성해 제출해야 하는 경우도 있다. 국제학생도 대학에 따라 자체 학자금보조 신청서 또는 CSS Profile을 매년 작성해 제출해야 한다. 입학시 또는 지난해 사용한 서류들을 바탕으로 올해 학자금보조 신청서를 작성해야 하기 때문에 항상 재정 서류들은 잘 보관해야 한다.

2. 좋은 성적을 유지한다.

하버드 등 최상위권 아이비리그 대학들은 Merit-Based Scholarship이 없지만, 다른 대학들은 일정 성적을 유지해야 입학 때 받았던 장학금이 자동 갱신되어 다음 학년에도 받을 수 있다. 조금씩 다르겠지만 대학마다 기준 GPA를 제시한다. 일반적으로 GPA가 3.0 또는 3.5 이상을 유지해야 한다.

3. 학교 재정 상태를 잘 파악한다.

최근 들어서 입학 때와 동일한 수준의 재정 상태를 가지고 있음에도 가정 분담금을 늘리도록 하는 경우가 발생한다. 이렇게 요구하는 대학들은 대학 재정이 나빠졌을 가능성이 높다. 미국 학생들의 경우, 연방 혹은 주 정부가 재정적으로 어려워지면 연방정부 학자금보조 예산이 줄어든다는 것을 공식화해 두었다. 그래서 많은 미국 학생들이 전 학년 때보다 적게는 20%에서 많게는 70% 정도의 가정 분담금이 증가했다고 말한다.

하지만 보통 학생들이 대학의 재정 상태를 파악하는 것이 쉬운 일은 아니다. 설사 재정 상태를 파악했다 하더라도 학생의 학자금보조에 어떻게 영향을 미칠지 알기 어렵다. 그러나 대학에서 정기적으로 주는 News Letter나 대학에 대해 기사를 찾아 읽어본다면, 적어도 학자금보조에 영향을 줄 만한 사건에 대해서 미리 파악이 가능할 것이다.

학자금보조(장학금)를 받은 다양한 사례들

해가 갈수록 미국 대학 등록금은 인상되고 있고, 일부 대학들은 대학 기금 운용의 어려움으로 학생들에 대한 학자금보조를 줄이려는 추세다. 이에 따라 자녀를 미국 대학에 진학시키려는 부모들의 부담은 더욱 늘어날 수밖에 없다. 매년 3월 중순이 되면 많은 12학년, 고등학교 3학년 부모들은 대학 합격 결과와 함께 학자금보조 결과 때문에 초초해진다.

과연 어떠한 학업 성취와 재정 상황에서 학자금보조를 받았는지 몇몇 사례(Case Study)들을 소개한다.

◆ **Case Study 1:** Early Admission(수시) vs. Regular Admission(정시)

일반적으로 Early(수시)로 지원한 학생이 Regular(정시) 때 지원한 학생보다 더 많은 학자금보조를 받을 수 있다. 특히 Early Decision의 경우, 합격하면 반드시 등록을 해야 하며 다른 대학에 지원하지 못한다는 조건이 있어 단 한번(Early Decision 2가 있는 경우 두 번)밖에 사용할 수 없기 때문에, 지원한 대학에 대한 학생의 충성도(Royalty)를 확인할 수 있다. 게다가 아직 학자금보조가 아무에게도 배분되지 않았기 때문에 학자금보조 금액이 Regular(정시) 때보다 클 가능성이 높다.

Macalester College는 U.S. News & World Report의 Liberal Arts College(학부중심대학) 랭킹 26위인 대학이며, 미네소타 주의 St. Paul 시에 위치하고 있다. Macalester College의 중간 50% 학생들이 받은 SAT 점수와 이 대학에 지원한 두 학생의 실제 사례를 보자.

두 학생 모두 국제학생 신분으로 A학생은 Early Decision 2로 지원해 합격과 함께 5만 달러의 학자금보조를 받았다. 비슷한 SAT 점수를 갖고 있던 B학생은 Regular Decision으로 지원했으나 안타깝게도 불합격되었다. 당연히 학자금보조 또한 받지 못했다. 이처럼 비슷한 성적을 갖고 있는 학생들이라도 Early로 지원하는지 Regular로 지원하는지에 따라 합격 여부는 물론 학자금보조 지

MACALESTER

macalester.edu
admissions@macalester.edu

OFFICE OF ADMISSIONS
1600 Grand Avenue, St. Paul, Minnesota 55105-1899

Phone (651) 696-6357
Toll free (800) 231-7974

January 26, 2018

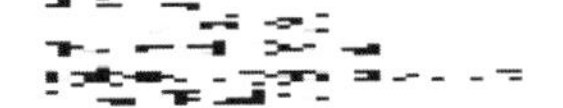

Dear

It is my pleasure to congratulate you on your offer of admission to Macalester College. You have been chosen from a highly competitive and personally dynamic applicant pool. I invite you to join Macalester's rich cultural milieu where students from over 90 nations work together in a cooperative learning environment that stresses rigorous academic standards and scholarly achievement.

We are pleased to provide an aid package totaling $211,704 for 4 years at Macalester.

	Year 1	*Year 2*	*Year 3*	*Year 4*	*Total*
Kofi Annan Scholarship	$30,738	$31,458	$32,200	$32,964	$127,360
Turck Honor Scholarship	$12,500	$12,500	$12,500	$12,500	$50,000
Campus Residence Grant	$1,112	$1,152	$1,194	$1,236	$4,694
MCISL Loan	$3,000	$4,000	$5,000	$6,000	$18,000
Student Employment	$2,650	$2,800	$3,000	$3,200	$11,650
Total	$50,000	$51,910	$53,894	$55,900	$211,704

The Charles J. Turck Presidential Honor Scholarship is awarded to international students who show special potential to excel academically and contribute significantly to the Macalester community. In the 1940s and 1950s President Charles J. Turck gave new emphasis to the College's internationalism by recruiting international students, creating overseas study opportunities, and hiring faculty from diverse backgrounds. As a symbol of commitment to international harmony, he raised the United Nations flag on campus in 1950, and it has flown every day since then, just below the United States flag. Under his leadership, the College also broadened its base of community service and intensified its continuing interest in civic and national affairs. See macalester.edu/financialaid/policies/scholarships/ for policies applicable to this scholarship.

Macalester's board of trustees will set 2018-2019 prices in early 2018. The estimates shown below are subject to change. Final prices will be posted at www.macalester.edu/financialaid/tuition as soon as they are available.

		Other Estimated Costs:	
Full-Time Tuition	$54,114		
Room	$6,526	Books & Supplies	$1,168
Board	$5,630	Personal Expenses	$959
Activity Fee	$230	Health & Accident Insurance	$2,400
Comprehensive Fee	$66,500		

We estimate that our prices will increase by three to five percent each year. Your financial aid package also increases each year, but the increase may not be enough to completely offset the total increase in prices. The amount of your financial aid cannot be revised in the future.

US Government regulations require all students offered a MCISL Loan to receive a series of loan disclosures providing information about the MCISL Loan program. The first disclosure is available via the internet at macalester.edu/financialaid/forms/MCISL_Disclosure.pdf.

Campus Residence Grants are available to students who reside in Macalester housing. Students who reside elsewhere, typically during their junior or senior year, are not eligible to receive a Campus Residence Grant.

To reserve your place in the class you are required to submit a $300 admission deposit by March 1, 2018. To confirm acceptance of your financial aid award, please go your Application Portal and click on the Reply to Financial Aid Award. Directions to obtain a form I-20, which you will need to obtain your student visa, will be e-mailed to you after you make your admission deposit.

원 액수에 차이가 있음을 확인할 수 있다.

◆ CASE STUDY 2: 재정 상황의 변화

위의 사례처럼 Early(수시)로 지원하면 합격과 함께 학자금보조도 받게 되는 기쁜 소식을 다른 학생들보다 일찍 받을 수 있다. 하지만, 이는 비슷한 학업적 요소와 비슷한 재정 환경에 있는 학생들을 비교했을 때의 상황이며, 학생 가정의 재정 상황이 어려운 경우 Regular(정시)로 지원하더라도 학자금보조를 충분히 받을 수 있다. 왜냐하면 학자금보조는 성적이 아닌 가정의 재정적 필요를 입증한 학생에게 대학이 재정적으로 도움을 주는 것이기 때문이다.

로체스터대학(University of Rochester)은 U.S. News & World Report의 National University(연구중심대학) 랭킹 34위인 대학이며, 뉴욕 주의 Rochester 시에 위치하고 있다. 대부분 National University가 국제학생에게 학자금보조를 거의 제공하지 않는다는 점에서 이 대학에 합격하고 학자금보조를 받았다는 것은 매우 중요한 포인트다. University of Rochester의 중간 50% 학생들이 받은 SAT 점수와 이 대학에 지원한 두 학생의 실제 사례를 보자.

이 대학에 지원한 두 학생도 한국 국적의 국제학생이며, A학생은 Early Decision1, B학생은 Regular Decision으로 지원해 둘 다 합격과 학자금보조의 소식을 받았다. 하지만, A학생은 4만 6292달러의 학자금보조를 받았고, B학생은 5만 2892달러의 학자금보조를 받았다.

로체스터대학에 Early Decision으로 합격한 A학생의 Award Letter

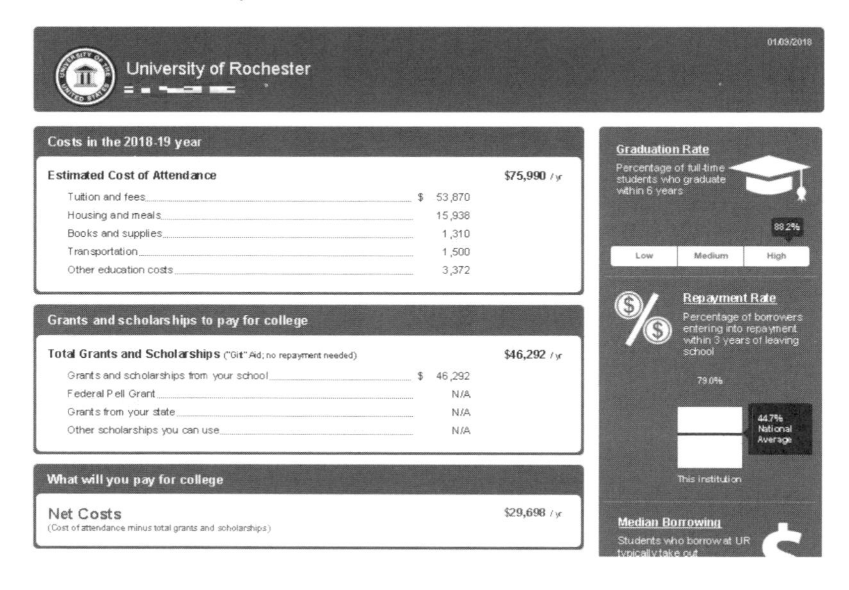

01/09/2018

University of Rochester

Costs in the 2018-19 year

Estimated Cost of Attendance		$75,990 / yr
Tuition and fees	$ 53,870	
Housing and meals	15,938	
Books and supplies	1,310	
Transportation	1,500	
Other education costs	3,372	

Grants and scholarships to pay for college

Total Grants and Scholarships ("Gift" Aid; no repayment needed)		$46,292 / yr
Grants and scholarships from your school	$ 46,292	
Federal Pell Grant	N/A	
Grants from your state	N/A	
Other scholarships you can use	N/A	

What will you pay for college

Net Costs $29,698 / yr
(Cost of attendance minus total grants and scholarships)

Graduation Rate
Percentage of full-time students who graduate within 6 years
88.2%
Low Medium High

Repayment Rate
Percentage of borrowers entering into repayment within 3 years of leaving school
79.0%
44.7% National Average
This institution

Median Borrowing
Students who borrow at UR typically take out

로체스터대학에 Regular Decision으로 합격한 B학생의 Award Letter

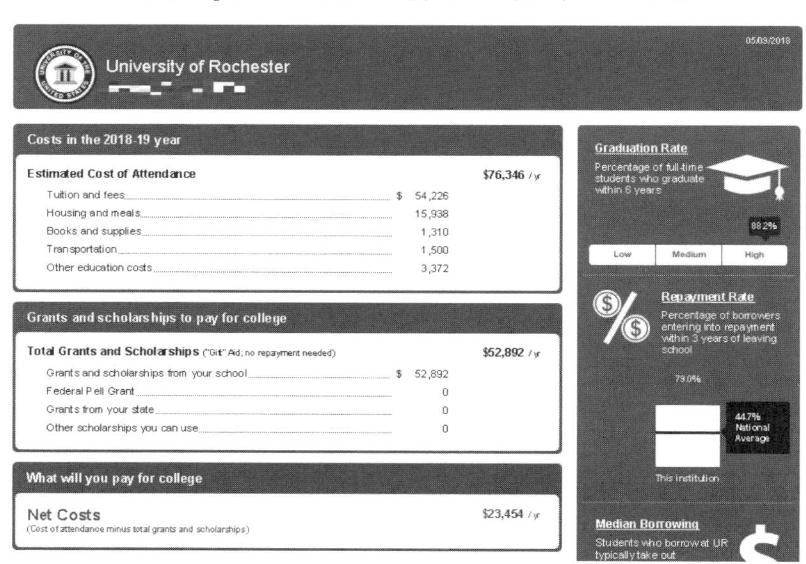

05/09/2018

University of Rochester

Costs in the 2018-19 year

Estimated Cost of Attendance		$76,346 / yr
Tuition and fees	$ 54,226	
Housing and meals	15,938	
Books and supplies	1,310	
Transportation	1,500	
Other education costs	3,372	

Grants and scholarships to pay for college

Total Grants and Scholarships ("Gift" Aid; no repayment needed)		$52,892 / yr
Grants and scholarships from your school	$ 52,892	
Federal Pell Grant	0	
Grants from your state	0	
Other scholarships you can use	0	

What will you pay for college

Net Costs $23,454 / yr
(Cost of attendance minus total grants and scholarships)

Graduation Rate
Percentage of full-time students who graduate within 6 years
88.2%
Low Medium High

Repayment Rate
Percentage of borrowers entering into repayment within 3 years of leaving school
79.0%
44.7% National Average
This institution

Median Borrowing
Students who borrow at UR typically take out

학교명	EBRW (25 ~ 75%)	MA (25 ~ 75%)	총 (25 ~ 75%)
University of Rochester	590 ~ 690점	650 ~ 760점	1240점 ~ 1450점

A학생	SAT 총 1510점 (EBRW 720점, MA 790점)		TOEFL 111점
	GPA 3.53/4.5	AP 1개	가정 연 소득 $110,000
B학생	SAT 총 1550점 (EBRW 760점, MA 790점)		TOEFL 117점
	GPA 3.93/4.3	AP 4개	가정 연 소득 $160,000

A학생은 B학생보다 일찍 지원했고 가정 연 소득도 5만 달러 정도 적었다. 그런데도 B학생이 더 많은 학자금보조를 받았다. 여기에는 숨은 포인트가 있다. 바로 B학생 가정의 연 소득 변화다. B학생의 아버지는 해외 주재원으로 근무하다가 연초 한국 본사로 복귀하게 되었다. 주재원 근무 당시 회사에서 제공하는 여러 지원금이 연 소득으로 국세청에 잡혀, 실제 연봉보다 더 많은 16만 달러를 연 소득으로 학자금보조 신청서에 기입했다. 하지만, 한국 본사로 복귀하게 되면서 지원금이 없어져 연 소득이 절반인 8만 달러로 줄어든다는 것을 신청서에 기입 후 소득의 변화를 잘 설명했다. 대학에서는 이를 인정해줘서 Early로 지원한 A학생보다 조금 더 많은 학자금보조를 받게 되었다.

CASE STUDY 3: Gap-Year(재수) 지원

미국 대학도 한국 대학처럼 재수가 가능하다. 많은 부모들은 자녀가 지원한 대학에 불합격한 후 다음해 다시 지원할 경우 불리하다고 생각하지만, 이는 'Yes or No'로 분명히 대답하기 어렵다. 만약 학생이 지원서를 작성한 첫 해와 동일한 학업기록을 갖고 있다면 재수를 하더라도 불합격될 확률이 높다. 하지만 재수를 준비하는 기간 동안(미국 대학은 이를 Gap-Year라 함) SAT 점수를 높였다든가 비교과활동을 더 열심히 하는 등의 발전한 모습을 보여주면, 합격할 가능성이 높아지며 학자금보조를 받을 수 있는 기회도 생긴다.

프린스턴대학(Princeton University)은 U.S. News & World Report의 National University(연구중심대학) 랭킹 1위인 대학이다. 뉴저지 주의 Princeton 시에 위치하고 있다. Princeton University의 중간 50% 학생들이 받은 SAT 점수와 이 대학에 지원한 한 학생의 실제 사례를 보자.

학교명	EBRW (25 ~ 75%)	MA (25 ~ 75%)	총 (25 ~ 75%)
Princeton University	690 ~ 790점	710 ~800점	1400점 ~ 159점

A학생	SAT 총 1570점 (EBRW 790점, MA 780점)		TOEFL 117점
	GPA 4.36/4.36	AP 9개	가정 연 소득 $76,803

한국 유명 국제학교에 재학 중이던 A학생은 2017~18년도 입학을 목표로 준비했으나 원하던 대학에 합격도 못했고, 따라서 당

재수를 하고 Princeton University에 합격한 A학생 Award Letter

PRINCETON UNIVERSITY

The Financial Aid Office congratulates you on your admission to Princeton's Class of 2022

We have carefully reviewed your aid application and have determined that you are eligible for need-based aid for the 2019 academic year. Your financial aid award is:

Princeton Grant	$42,510
Campus Job:	$2,900

The student budget we have used for you is $71,510 and the family contribution is $26,100. Your financial aid award covers the difference between the costs and the family contribution.

Additional information about the details of your award, the cost of attendance and your family's expected contribution is included in the packet you will receive in the mail within the next few days.

Please feel free to contact a member of the Financial Aid Office staff if you have any questions.

Robin Moscato

Director, Undergraduate Financial Aid

Application ID: [illegible]

연히 학자금보조도 받을 수 없었다. 오직 한 대학에 합격을 하고 학자금보조를 주겠다는 소식을 들었으나 이에 만족하지 못한 학생과 부모는 고민 끝에 2018~19년도 입학을 목표로 재수를 하기로 했다. 필자의 미래교육연구소 컨설팅을 받고 Gap-Year 동안 A학생은 1490점이던 기존 SAT 점수를 1570점까지 올렸고, 아이비리그를 졸업한 미국 원어민 에세이 전문가에게 Essay 첨삭을 받아 완벽하게 보완했다. 또한 비교과활동 분야 중 한 분야를 집중적으로 공략해 대폭 강화했다. 결국 입시 첫 해에 Princeton을 지원해 고배를 마셨던 A학생은 Gap-Year를 통해 경쟁력을 높여 Princeton에 재지원해서 합격은 물론 $4만 5410의 학자금보조를 받아 2018-19년도에 당당히 진학하게 되었다.

◆ CASE STUDY 4: Transfer(편입) 지원

미국 대학은 편입이 보편화돼 있다. 대부분 현재 대학에서 더 나은 대학으로 옮겨 공부하기 위해 편입을 하기도 하지만, 일부는 다니던 대학 학비를 부담할 수 없어 편입을 결정하는 경우도 있다. 특히 학부중심대학(Liberal Arts College)은 편입 국제학생에게도 학자금보조를 비교적 많이 제공하고 있다.

데니슨대학(Denison University)은 U.S. News & World Report의 Liberal Arts College(학부중심대학) 랭킹 46위인 대학이며, 오하이오 주의 Granville 시에 위치하고 있다. 데니슨대학의 합격자 중간 50% 학생들이 받은 SAT 점수와 이 대학에 지원한 한 학생의 실제 사례를 보자.

SAT나 ACT가 없으면 미국 대학에 진학하지 못한다고 생각하는 것과 달리, 미국 대학은 3학년으로 편입 시 SAT나 ACT 점수와 고등학교 성적을 요구하지 않는 경우가 많다. F학생은 국내 고등학교를 졸업했기에 SAT나 ACT 성적도 없었고, 오직 TOEFL과 대학 성적만 가지고 미국 대학 편입을 시도했다. 국내 사립대학에서 성적우수장학금으로 전액 학비를 면제받고 2학년까지 공부한 F학생

학교명	EBRW (25 ~ 75%)	MA (25 ~ 75%)	총 (25 ~ 75%)
Denison University	590 ~ 680점	600 ~ 700점	1190 ~ 1380점

<table>
<tr><td rowspan="2">F학생</td><td colspan="2">SAT 없음</td><td>TOEFL 102점</td></tr>
<tr><td>GPA 4.06/4.5</td><td>AP 없음</td><td>가정 연 소득 $56,000</td></tr>
</table>

은 미국 대학 학비에 대한 부담이 커, 입시 지원서와 함께 학자금 보조 지원서를 같이 제출했다. 이 학생은 우수한 학업 성적과 교수 추천서를 바탕으로 편입 성공과 동시에 4만 7320달러의 학자금보조를 받았다. 학비 전액을 커버할 수 있는 금액이다.

Denison University에 편입 성공한 F학생의 Award Letter

Congratulations, [illegible]!

On behalf of Denison University, I am delighted to inform you of your admission to Denison's Class of 2022. We are confident that you will make a significant contribution to the tradition of excellence that began at Denison over 187 years ago.

We were so impressed by your accomplishments that we have awarded you an **Alumni Award** valued at **$45,000** per year. This offer recognizes your academic achievement, as well as your potential to be an intellectual leader at Denison. It speaks to the level of confidence that we have in your abilities and fit for Denison.

We are also pleased to offer the following estimated financial aid award for the 2018-19 academic year. All awards are estimated until you submit your enrollment deposit and complete all financial aid requirements. Visit our finances website for financial aid information, next steps, and award terms and conditions.

Award Description	**Award Amount**
Denison Scholarship	$45000
Denison Work Study	$2320
Total Financial Aid Package	**$47320**
Total Direct Cost (tuition, required fees, room, and board)	$64670
Total Direct Financial Aid (does not include work study)	$45000
Estimated Direct Out-of-Pocket Expense for 2018-19	**$19670**

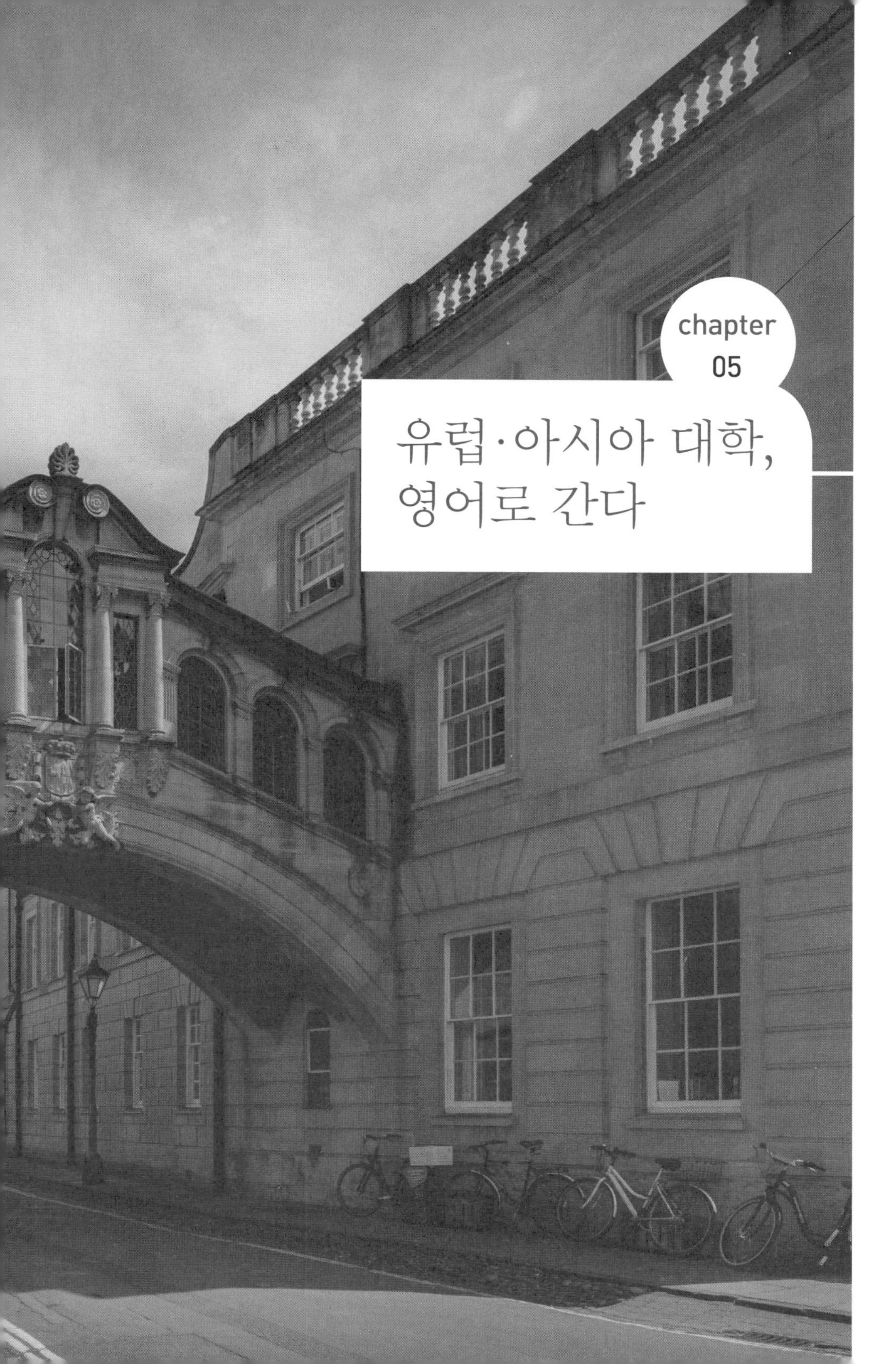

chapter 05

유럽·아시아 대학, 영어로 간다

유럽·아시아 대학, 영어로 간다

해외 유학 비싸다, 사실일까?

그동안 많은 학부모, 학생들은 해외 유학이라면 그 대상 국가를 당연히 미국으로 생각했다. 그러나 이제 달라졌다. 미국 중심에서 다변화되고 있다. 미국은 분명 모든 분야에서 앞서 있다. 특히 교육 분야는 더욱 세계 최고라고 해도 과언이 아니다. 미국 상위권 대학은 진학하기도 어렵지만 가장 큰 문제는 비싼 학비다. 보통 아빠들이 자녀를 미국에서 공부시키려 할 때 가장 큰 장애는 비용이다. 앞장에서 설명했지만 연봉 1억 원의 아버지도 자녀를 미국에서 공부시키기 만만치 않다.

필자 역시 미국에서 두 아이를 공부시킨 아버지이자 교육 전문가로 오랫동안 미국 외에 다른 대안이 없을까 고민했다. 즉 학비가 저렴하고 교육의 질이 미국만큼 좋은 교육 선진국은 없을까를 생각했다. 오랜 고민 끝에 나온 답은 아시아와 유럽이다.

이제 시야를 넓힐 필요가 있다. 필자는 미국 대학과 함께 홍콩, 싱가포르, 독일, 핀란드, 노르웨이, 중국, 일본 소재 대학들을 생각해 보라고 권하고 싶다. 홍콩, 싱가포르를 제외하고 나머지 나라들은 비영어권 국가다. 그런데 이들 나라 대학에서도 전공 전 과정을 영어로 제공하는 곳이 많다. 과거처럼 굳이 그 나라 언어를 배워 대학에 진학을 하지 않아도 된다.

또 하나의 특징은 이들 나라 대학들은 학비가 없거나 저렴하다는 것이다. 독일, 노르웨이 대학은 자국 학생은 물론 국제학생에게도 학비를 받지 않는다. 무상이다. 물론 모든 대학이 다 그런 것은 아니지만 국공립 대학은 거의 무상이다. 핀란드 대학들도 학비를 받지 않았으나 2017년부터 영어로 전공을 하는 학생들에게 등록금을 받는다. 지금도 핀란드어나 스웨덴어로 공부하는 학생들에게는 학비를 받지 않는다. 핀란드 대학들의 학비는 연간 600~2000만 원 수준이다. 홍콩, 싱가포르 대학들의 학비도 2000만 원대다. 미국 대학의 절반밖에 안 된다. 또한 장학금을 받으면 더 적은 돈으로 다닐 수 있고 생활비까지 보조 받을 수 있다.

최근 중국 대학들도 중국어가 아닌 영어로 해외 유학생들을 받아들이고 있다. 중국 대학들의 비용은 매우 저렴하다. 아마 해외 유학 대상국 가운데 가장 저렴할 것이다. 학비와 기숙사비를 합쳐도 연간 1천만 원 내외다. 일본 대학들은 지난 2009년부터 정부 차원에서 해외 유학생을 적극 유치하도록 지원하고 있다. 이른바 G30(Global 30) 프로그램으로 해외 유학생을 30만 명까지 유치하겠다는 뜻이다. 연간 학비는 국공립대학이 5백만 원 수준, 사립대학이 1천만 원대로 미국 대학 학비보다 월등히 저렴하다.

이들 나라 대학들의 지원 조건은 미국과 크게 다르지 않다. 미국 대학 지원 준비를 한 학생이라면 별 어려움 없이 유럽 및 아시아 대학에 지원할 수 있다. 미국 대학들이 10월부터 원서를 접수해 그 다음해 4-5월까지 각 대학별로 마감을 한다. 크게 보면 10월부터 그 다음해 7월까지 원서를 받는다. 각 나라, 각 대학별로 지원 시기를 파악, 늦지 않게 지원을 해야 한다.

유럽 대학, 미국 대학의 확실한 대안

한국은 지금 취업을 하려는 젊은이들에게 고통의 땅이다. 한마디로 취업 대란이다. 서울대, 연고대를 졸업한 우수한 국내 학생들도 취업이 어렵기는 마찬가지다. 비싼 비용을 내고 해외 유학을 다녀온 학생들도 고전하고 있다. 유학이 프리미엄이 아니라 오히려 장애가 되고 있다. 연애 결혼 출산을 포기한 '3포 세대', 연애 결혼 출산 대인관계 내 집 마련까지 포기한 '5포 세대'란 말이 오늘 취업난을 말해주고 있다. 젊은 세대에게 정말 희망은 없는 것일까?

국내 경제 상황을 볼 때 당분간 나아질 기미가 보이지 않고 이에 따라 실업 사태도 조기에 해소될 가능성은 안 보인다. 오히려 갈수록 나빠지는 상황이다. 국내 대학을 졸업했건 해외 유학을 했건 인문사회 분야를 전공한 학생이라면 취업의 가능성은 이공계보다 훨씬 더 낮다. 필자는 현재 젊은이들이 직면한 국내의 미취업 늪에서 탈출할 수 있는 길은 넓은 세계로 나가는 것이라고 생각한다.

세계 지도를 펼쳐 놓고 보자. 지금까지는 취업 기회가 상대적으로 적은 아프리카와 남미를 제외한 ▲미국을 중심으로 한 북미, ▲영국·독일을 중심으로 한 유럽, ▲홍콩·싱가포르·중국·일본 등 아시아 시장이 우리 젊은이들이 공략할 대상 지역이다.

이 지역이 유망하다고 해서 누구에게나 다 문이 열려 있는 것은 아니다. 언어와 비전을 갖고 미래를 준비한 이들에게만 기회가 주어진다. 필자는 이 가운데서도 독일 등 유럽을 가장 유망지역으로 꼽는다. 이어 두 번째로는 일본과 홍콩, 싱가포르 지역이다. 이들 나라와 지역은 영어가 준비된 학생들이 미래를 향해 도전하기 좋은 곳이다. 특히 독일은 국제학생에게도 학비가 없고, 영어로 경쟁력 있는 분야를 전공할 수 있으며, 현지 취업이 비교적 용이하다. 한국 유학생들이 미국으로만 몰려갈 때 이미 중국을 비롯한 아시아 여러 나라, 아프리카, 남미의 국가 젊은이들은 독일 등 유럽 대학으로 유학을 떠났다.

최근 자료를 보면 독일 대학생 취업률은 98%다. 독일 정부는 여러 해 전부터 경쟁력을 갖춘 해외 유학생들이 독일 기업에 취업할 수 있도록 각종 규제를 풀었다. 외국 학생들의 취업 환경이 미국보다 훨씬 좋다는 것이 현지 전문가들의 말이다. 핀란드에서 공부하는 해외 유학생들의 절반이 졸업 후 6개월 이내에 취업한다고 핀란드 자료는 소개하고 있다.

네덜란드는 독일과 함께 비영어권 유럽 국가 가운데 유학을 떠나기 좋은 나라다. 글로벌 수준의 대학들이 다양한 전공들을 영어로 개설했다. 교육 수준이 글로벌 스탠더드다. 무엇보다 학비가 저렴하고 졸업 후 취업이 용이하다.

필리핀 라살대학을 졸업한 A는 변변한 직장을 구하지 못하고 영어학원가를 전전했다. 그는 미래교육연구소의 특강을 듣고 독일 대학 학부에서 다시 공부하기로 결심을 했다. A는 독일 명문 괴팅겐대학에서 분자생태학을 전공하고 있다. 그는 졸업 후 독일에서 취업을 할 계획이다. 디 자이트지에 따르면 독일 정부는 1인당 연간 1700만 원의 비용을 들여서 각국 유학생을 공부시키고 있다. 학비를 받지 않고 있으니 이를 비용으로 환산하면 그렇다는 이야기다. 독일이 이렇게 외국 학생들에게도 학비를 받지 않는 것은 우수한 해외 인력을 확보하기 위한 국가시책 때문이다.

독일에 유학하고 있는 한국 유학생 수는 약 5000여 명이다. 미국 내 한국 유학생의 1/10 정도밖에 안 된다. 그런데 대부분 예술분야 전공 유학생들이다. 필자는 이공계와 경영계열 학생들에게 독일 유학을 권한다. 그리고 졸업 후 국내로 돌아오기보다는 독일을 비롯한 유럽에서 취업 기회를 찾아보라고 말한다. 학비가 없거나 저렴하고, 영어로 전공이 가능하며 취업의 문이 상대적으로 넓은 독일을 포함한 유럽은 한국 젊은 세대에게 분명 새로운 도전이요, 희망이다.

세계 각국에서 유학생들이 몰려오는 독일 대학

독일은 비영어권 국가 가운데 가장 많은 해외 유학생들이 몰려오는 나라다. 매년 독일로 전 세계 수천 명의 유학생들이 공부하러 온다. 현재 독일에서 공부하는 국제학생 수가 30만 명을 넘어섰다. 독일 대학이 이렇게 유학생들에게 인기인 것은 앞서 설명한 대로 학비가 무료라는 점과 영어로 많은 전공이 개설되고 생활비가 저렴하며 취업이 용이하기 때문이다.

특히 중국 학생들이 독일 대학을 선호한다. 한때 중국이 독일 내 해외 유학생 수 1위를 차지하기도 했다. 한국 유학생들의 대다수는 예술 분야 전공 학생들인 반면 다른 나라 학생들은 경영 계열과 이공계 전공자들이 많다.

이렇게 재독 한국 유학생이 적은 이유는 여전히 미국 편향적 사고와 함께 독일 대학에 대해 잘 모르기 때문이다. 특히 독일 대학을 영어로 갈 수 있다는 것에 대해 아직도 의구심을 갖는 학생과 학부모들이 많다.

독일 대학에서 가장 인기 있는 전공과 국가별 유학생 순위

독일이 해외 유학생들에게도 학비를 면제시켜 주는 것에 대해 독일 내에서도 많은 논란이 있어 왔고, 지금도 진행 중이다. 그러나 독일 경제학자들은 대학 등록금 유료화 주장을 경계하며, 학비 무료가 바로 외국인 유학생들을 독일에 장기적으로 머물도록 하는 요인이라고 주장한다.

일부 사람들은 독일 대학이 국제학생들에게 학비를 받는다고 주장하거나 곧 받기 시작할 것이라고 말한다. 현재까지 독일 16개 주 가운데 해외 유학생에게 학비를 받는 곳은 바덴뷔템부르크 주 한 곳이다. 이 주는 외국인 학생에게 연간 3-4백만 원 정도의 학비를 받는다. 그러나 다른 주들은 여전히 국제학생들에게 학비를 받지 않고 있다. 그러나 사립대학들은 학비를 받는다.

최근 쾰른 독일 경제연구소는 고급 해외 인력이 독일에 정착하게 하는 최상의 방법은 독일 대학을 졸업하도록 하는 것이라는 연구결과를 내놓았다. 2001년부터 2010년 사이 독일에서 대학을 졸업한 유학생 중에 2011년까지 독일에 잔류한 외국인은 약 44%다. 기존 통계수치를 훨씬 뛰어넘는 결과로 그만큼 독일 대학 졸업 후 독일에 정착

하는 경우가 많다는 반증이다.

독일 대학에 유학하는 국제학생들이 가장 많이 하는 전공은 무엇일까? 흔히 공학(엔지니어링)일 것이라고 예상하지만 학생들은 경영학, 법학 등 사회과학 계열 전공을 선택한 학생이 가장 많았다. 특히 경영학이 많았다. 이어 엔지니어링(공학) 전공자가 그 뒤를 이었다. 다음으로 언어학과 인문학, 그리고 수학과 자연과학 전공자다. 이에 비해 예술 계열과 의대로 진학하는 수는 적었다. 한국 유학생들이 선택하는 전공은 거의 예술 쪽이었고, 가고 싶어 하는 전공은 의학이었다. 독일에서 공부하고 싶어 하는 한국 학생들의 전공 선택은 확실히 다른 나라 학생들과 다르다.

독일 대학, 1500여 개 이상 전공을 영어로 개설하고 있다

현재 1500개 이상의 학사, 석사, 박사 학위 과정(International Degree Program, IDP)이 독일 대학에 개설돼 있다. 2017년 현재 독일 대학에서 영어로 학사 학위 과정을 공부할 수 있는 전공은 141개다. 영어로 개설된 거의 대부분 과정은 석박사 과정이다. 독일 대학들은 외국인 학생이 영어로 공부할 수 있는 전공을 꾸준히 늘려가고 있다. 물론 독일 유학생들 가운데는 여전히 영어보다 독일어로 학위과정을 이수하는 학생들이 많다. 그러나 독일 유학 희망 학생이 새롭게 독일어를 배워서 독일 대학에 진학한다는 것은 쉽지 않다. 물론 독일어를 구사할 수 있다면 더 많은 전공과 해당 과목을 들을 수 있을 것이다. 그러나 지금은 영어로 충분히 독일 대학에서 학위 취득을 하고 취업을 할 수 있다는 점을 강조하고 싶다.

독일에서 영어로 할 수 있는 학위과정은 대체로 공학, 자연과학, 경영학 그리고 국제학에 집중되어 있다. 물론 다른 전공도 소수지만 개설돼 있다. 영어 과정은 학부보다는 석사 과정에 많이 개설돼 있다. 반면 디자인, 건축, 의학, 약학 등 한국인들이 선호하는 전공 분야 영어과정은 개설돼 있지 않다. 수업은 영어로 진행되지만 독일어나 기타 외국어와 병행되기도 한다. 과정에 따라 수업이 영어 100%로 진행되지만 일부 과정에서는 독일어를 요구하기도 한다.

독일, 4차 산업혁명 핵심 분야 경쟁력 1위

우리는 이제 4차 산업혁명 시기를 맞고 있다. 거대한 쓰나미가 몰려오듯이 4차 산업혁명이 각 분야별로 일어나고 있다. 각 산업별 4차 산업혁명 핵심 분야를 보면 독일은 자그마치 8개 분야에서 1위를 차지했다. 미국은 3개, 일본은 2개 분야 1위였다. 반면 한국은 1위 분야가 한 곳도 없었다. 독일은 전기차, 자율차, 스마트 선박, IoT 가전, 로봇, 바이오 헬스, 에너지 산업, 첨단 신소재 분야에서 1위를 차지하고 있다. 미국은 항공 드론, AR 및 VR, 차세대 반도체 분야에서, 일본은 로봇과 차세대 디스플레이 분야에서 각각 1위를 달리고 있다. 1위가 하나도 없는 한국은 차세대 디스플레이 분야에서 3위였다. 한국은 미래 먹거리가 암울한 상황을 맞고 있다.

반면, 독일은 4차 산업혁명 경쟁력 1위 국가로 미래 먹거리 분야에서 세계 수위에 자리하고 있다. 유럽 전기차 시장 점유율 1위부터 5위를 차지하는 자동차 회사는 다음과 같다. BMW 21%, 폴크스바겐 13%, 르노 11%, 벤츠 9%, 테슬라 9%. 이 가운데 3곳이 독일 기업이다. 호랑이를 잡으려면 호랑이 굴로 가야 한다.

영어로 할 수 있는 학부 과정을 보통 International Bachelor Program(IBP)이라고 한다. 여기서 International이라는 말은 국제란 의미가 아니고 영어라는 의미로 쓰이고 있다.

2017년 현재, 독일에서 학사 또는 석사 학위 과정을 영어로 개설한 대학은 총 68개 대학이다. 학사과정을 개설한 대학은 총 28곳이다. 해마다 일부 과정이 새로 생기고 또 없어지기도 한다. 대학마다 개설 전공이 바뀌므로 일일이 확인하는 과정을 거쳐야 한다. 독일 학술교류처(DAAD) 웹사이트에 가면 많은 자료를 접할 수 있다. 그러나 중요한 자료는 독일어로 되어 있어서 일반인들이 정보를 얻기는 쉽지 않다.

1998년 이탈리아의 볼로냐에서 영국, 프랑스, 독일, 이탈리아가 모여 유럽 학제에 대한 합의를 했다. 이를 볼로냐 프로세스라고 한다. 독일 대학들은 이 볼로냐 프로세스 이후 많은 전공을 영어 과정으로 개설했다. 영어권 국가 유학도 그렇지만 독일 대학에서 영어로 전공을 하기 위해서 절대적으로 필요한 것이 영어 능력이다. 독일 대학에서 원활하게 수업을 듣고 공부하려면 독일 대학들이 요구하는 수준 이상의 영어 능력이 요구된다. 해외에서 조기유학을 한 학생들은 영어 조건을 맞추기 어렵지 않다. 그러나 국내 고등학교를 졸업한 학생들의 경우 영어 조건을 맞추기가 어렵다. 토플(IBT)의 경우 80점 이상, IELTS는 6.0-6.5점을 획득해야 한다. 대학별로 요구하는 점수가 다르므로 확인을 해야 한다. DAAD 자료를 보면 독일 대학에 유학하는 외국 학생들 가운데 중도 탈락 원인의 첫 번째가 언어 능력 부재였다.

독일 대학 지원조건 맞추기

독일 대학 유학이 미국 대학 못지않다는 것을 우리는 파악했다. 독일 대학에 학비가 없는 것이 장점이기는 하나 지원과 진학에는 난관이 많다. 가장 큰 어려움은 입학조건을 맞추는 일이다. 첫째는 언어 조건이고 둘째는 학력 조건이다. 언어 조건에 대해서는 앞서 설명을 했다. 독일 대학 지원조건은 각 상황에 따라 매우 다양하다. 각 상황에 따른 독일 대학 지원 조건을 알아본다.

1) 국내 고등학생의 독일 대학 지원조건

국내 고등학교를 졸업하고 독일 대학에 지원하기 위해서는 고등학교 내신성적과 과학 이수 과목, 대학 수학능력시험 점수, 그리고 영어 공인점수가 기본이다. 수시 지원으로 수학능력시험을 보지 않고 국내 대학에 입학한 학생들은 독일 대학 지원이 어렵다. 이것을 모르는 학부모들이 참 많다. 지원조건을 하나하나 보자.

첫 번째, 일반계 고등학교 학생이어야 한다. 공업고등학교, 상업고등학교, 정보 고등학교 등 특성화 고등학교 학생은 이수 과목이 부족하거나 이수 과목 조건이 안 맞는다. 중요한 것은 검정고시 출신자의 경우 아예 독일 대학 지원 자격이 없다. 국제학교, 대안학교 출신도 안 된다.

둘째, 수능 전 영역 등급 합산 평균이 4.4등급 이상이어야 한다. 2008년 이후 수능 응시를 한 학생은 모든 영역 점수를 합산해서 나눈 평균이 4.4등급 이상이 되어야 한다는 뜻이다.

셋째, 고등학교에서 언어, 외국어(영어), 수학, 자연과학(한 과목 이상)을 3년 동안 이수했어야 한다. 가장 중요한 것은 고등학교 성적 중 주요 과목에서 한 과목이라도 60점 미만이 있으면 안 된다. 국내고 학생들 가운데는 이 조건을 맞추지 못하는 경우가 많다. 일반고도 그렇지만 외고나 과학고 등 특목고 학생들의 경우 학생들간 경쟁이 치열해 주요 과목에서 60점 미만을 받는 경우가 있다. 우수한 학생들이지만 유감스럽게도 독일 대학은 특목고를 인정하지 않는다. 특성화고 학생들은 과목별 이수 조건을 맞추지 못하는 경우가 많다.

넷째, 대학 수학능력시험을 보지 않고 수시로 대학에 입학한 학생이 독일 대학에 지원할 경우 합격한 한국 대학의 입학관리처에서 영문으로 된 수시 입학확인서를 발급받아 첨부해서 보낼 수 있다. 그렇다고 하더라도 입학이 거부될 수 있다. 독일 대학은 자율권을 갖고 있기 때문이다.

다섯째, 일반계 고등학교 인문계 학생들은 사실상 독일 대학 지원이 어렵다. 국내 고등학교 교과 과정에서 인문계는 과학 과목 3년을 이수하지 않기 때문이다. 과학 과목이라 함은 물리, 화학, 생물이다. DAAD 사이트에 가 보면 과학 과목을 폭넓게 인정하고 있

국내고 출신 학생의 독일 대학 지원조건

조건	내용
내신	인문계고, 주요 과목에서 60점 미만이 없을 것
이수조건	과학 3년 이수(따라서 인문계는 안 됨)
수능	전 영역 평균 4.4등급 이상
영어공인성적	토플 80점 이상, 아이엘츠 6.0-6.5 이상(대학마다 다름)

독일 대학이 자연과학 과목으로 인정하는 과목 리스트

자연과학 과목으로 인정되는 과목 (Uni-assist)	자연과학 과목으로 인정되지 않는 과목 (Uni-assist)
- 생물 Biology **- 화학 Chemistry** **- 물리 Physics** - 지리 Geography (자연과학 관련 수업일 경우) - 한국지리 Korean Geography (자연과학 관련 수업일 경우) - 지구과학 Earth Science - 생태와 환경 Ecology and Environment - 정보산업 Informational Industry - 기술가정경제 Technology Home Economics - 경제지리 Economic Geogreaphy	- 정보사회와 컴퓨터 Information Society and Computer - 생활과 과학 Life and Science - 가정경제 Home Economics - 가정 Home Science - 생활경제 Life Economy

우니-아시스트를 통해 지원할 경우 자연과학 과목으로 인정하는 과목과 인정하지 않는 과목을 나누어 놓았다. 하지만 생물, 화학, 물리 이외의 과목이 자연과학으로 인정되는지는 대학마다 다르다. 따라서 반드시 지원할 대학에 인정 여부를 문의해야 한다.

으나 실제로 지원을 해 보면 그렇지 않다. 따라서 문과든 이과든 과학 과목을 3년간 이수하지 않았으면 독일 대학 지원이 원천적으로 불가능하다. 독일 대학에 지원하려는 계획을 가진 학생들은 1학년부터 이수 과목에 대해 신경을 써야 한다.

여섯째, 영어 공인성적이 반드시 필요하다. 영어로 전공 전 과정을 공부하기 때문이다. 영어 공인성적이라 함은 토플 또는 아이엘츠 성적을 말한다. 토플은 일반적으로 80점 이상, 아이엘츠는 6.0 이상이다. 그러나 대학마다 요구하는 영어 공인성적이 다르니 반드시 해당 대학의 홈페이지에서 요구하는 공인성적을 확인해야 한다.

2) 국내 대학을 졸업하고 독일 대학 지원하기

국내 4년제 대학 재학 중이거나 졸업 후에 독일 대학으로 가는 길이 있다. 국내 고등학교를 졸업하고 국내 대학에 진학한 경우 인증 대학에서 2년을 이수하면 같은 전공으로 독일 대학에 1학년 신입생으로 입학할 수 있다. 독일 대학은 편입 제도가 없다. 수능을 보고 대학에 입학해 현재 1-2학년이라면 고등학교 졸업자격으로 독일 대학에 지원하는 것이 좋다. 독일 대학 지원을 위한 고등학교 졸업자 이수 조건을 맞추기 어렵다면 대학교 2학년 이수 조건으로 독일 대학에 지원을 하면 되지만 이 역시 까다롭기는 마찬가지다.

따라서 필자는 국내 4년제 대학을 졸업하고 독일 대학으로 가는 길을 추천한다. 이 경우에도 두 가지 방법이 있다. 하나는 3년 과정의 독일 대학 학부 신입생으로 다시 가는 방법이고, 또 하나는 대학원 석사 과정으로 가는 길이다. 국내 대학 4년을 졸업하고 다시 독일 대학 학부로 갈 경우 전공을 마음대로 바꿀 수 있다. 즉 국내 대학에서 영문학을 전공한 학생이 다시 독일 대학으로 갈 경우 경영학, 기계공학 등 본인이 하고 싶은 전공을 선택할 수 있다. 그러나 국내 대학 학사 학위를 갖고 독일 대학원으로 진학하려면 반드시 동일 전공으로 가야 한다. 미국 대학이나 국내 대학은 학부 전공과 대학원 전공이 달라도 입학을 허가하지만 독일의 경우 학부와 대학원 석사 전공이 동일하거나 유사해야 한다. 학부에서 정치학을 한 학생이 대학원에서 비즈니스를 할 수 없다.

국내 대학에서 독일 대학으로 유학을 갈 경우에도 독일의 아나빈 사이트(http://anabin.kmk.org/anabin.html)에서 국내 대학이 인증을 받은 대학인지를 점검해야 한다. 아나빈 리스트에 오른 한국 대학일 경우에만 한국 대학에 다닌 학력이 인정된다. 여기서는 H+ 또는 H-로 표시된다. H+는 대학 학력이 인정되는 대학, H-는 학력이 인정되지 않는 대학을 말한다. H+-는 인정될 수도, 인정 안 될 수도 있는 대학이라는 의미다.

각 국가별 조기 유학생들의 독일 대학 지원조건

독일은 각 국가별로 고등학교 출신자의 독일 대학 지원조건을 엄격히 규정하고 있다. 위에서 보았듯이 국내 고등학교 출신자들이 독일 대학에 지원할 경우 이수 과목, 내신성적, 수학능력시험 성적 그리고 영어 공인성적에 대해 필요한 조건을 엄격히 요구하고 있다. 마찬가지로 독일은 미국, 캐나다, 일본, 중국, 필리핀, 베트남 등 거의 전 세계 국가별로 독일 대학 지원조건을 규정하고 있다.

1) 미국 고등학교 출신자의 독일 대학 지원조건

독일은 미국 고등학교 학생부터 미국 대학 학생까지 독일 대학 학부 지원조건을 자세히 규정하고 있다. 독일은 2018년에 미국 고등학교 학생의 독일 대학 지원조건을 대폭 강화했다. 과거에는 SAT, ACT 점수를 갖고 지원할 수 있었으나 2019년 겨울학기부터 SAT, ACT 점수로 지원할 수 있는 조항을 삭제했다. 미국 고등학교 12학년을 졸업한 학생이 독일 대학에 지원할 때 요구되는 조건을 살펴본다.

1. 수학 연한

독일은 미국 고등학교 혹은 미국계 고등학교(미국 학력인증을 받은 학교)에서 9-12학년, 8학기를 반드시 이수할 것을 요구하고 있다. 만일 한국 고등학교에서 중3을 다니고 미국 고등학교에서 10학년부터 다니면 독일 대학의 우니아시스트 지원(공통지원)은 안 된다. 4년을 미국 고등학교 혹은 미국계 고등학교를 다니고 디플로마, 즉 졸업장을 받아야 한다.

만일 국내 고등학교를 다니다가 11학년 때 미국으로 조기유학을 갔다면 고등학교 재학 기간이 2년 부족하게 된다. 이 경우에는 미국 대학에서 2년을 다니면 독일 대학에 지원이 가능하다. 그러나 대학 2년을 이수하면서 이수 과목 조건을 맞춰야 한다. 이것은 독일의 아나빈(Anabin) 사이트에 자세히 나와 있다. 미국 검정고시(GED) 출신은 원천적으로 독일 대학에 지원을 할 수 없다.

2. 학점 및 이수 과목 조건

미국 고등학교를 다녔을 경우 영어 4년, 제2외국어 2년, 사회과목 3년, 수학 2-3년, 과학 2-3년을 이수해야 한다. 또한 내신(GPA) 평균이 최소한 3.0 이상은 되어야 한다. 여기서 중요한 것은 제2외국어다. 한국 학생들은 미국계 학교를 다니면서 제2외국어 수업을 듣지 않는 경향이 있다. 반드시 2년을 들어야 독일 대학에 입학이 가능하다. 중국어, 독일어, 일본어 등 어느 외국어이건 상관없다.

3. SAT, ACT(표준화 시험) 점수

앞서 설명을 했지만 독일은 2019학년도부터 이 점수로 갈 수 있는 길을 없애버렸다. 따라서 SAT, ACT 점수를 갖고 독일 대학을 지원할 수 없다.

4. AP 과목 수강 조건

미국 고등학교에서 독일 대학으로 지원을 하려면 AP 4과목을 수강해야 한다. 이공계로 갈 것인지 인문계로 갈 것인지에 따라 수강 필수과목이 달라진다. 자세한 것은 독일 아나빈 사이트

(https://anabin.kmk.org)에 들어가면 볼 수 있다.

미국 고등학교/ 미국계 고등학생의 독일 대학 지원조건

조건	자격
수학 연한 및 학점	미국 고등학교, 또는 인가 받은 미국계 고등학교에서 4년간 수학하고 평균 3.0 이상이어야 한다.
SAT, ACT	SAT 1360점 이상, ACT 29점 이상(미달될 경우 미국 대학에서 1년간 다니면 됨)
제2외국어	2년 이상 수강해야 함

미국식 커리큘럼으로 가르친다고 다 미국 학교인증을 받은 학교는 아니다. 독일 대학의 경우 미국 학교인증 여부가 매우 중요하다. 그러나 미국 등 다른 나라 대학에 지원할 경우는 학교인증 여부가 중요하지 않다. 미국식 커리큘럼에 따라 공부를 했느냐가 중요하다. 따라서 학교인증을 받지 않은 학교를 다니는 학생이 미국 대학에 지원할 때는 아무런 문제가 없다.

2) 중국 소재 고등학교에 다녔을 경우

중국에서 유학하는 학생의 경우 케이스가 다양하다. 중국 로컬 고등학교, 즉 중국 고등학교에 다니면 독일 대학 진학이 불가능하다. 중국 현지 로컬 스쿨에 다니면 외국인이라도 중국 대학교 입학시험인 가오카오(高考)를 보고 일정 기간 중국 대학에 다녀야

미국 고등학교 인증이란?

국내에는 영어로 교과 과정을 가르치는 다양한 학교들이 있다. 외국인 학교, 인증 국제학교, 영어 대안학교 등이다. 이 학교들의 특징은 미국식 학교 시스템을 도입, 학생들에게 전 과정을 영어로 수업한다는 것이다. 국내 소재 여러 국제학교들은 학부모들에게 "우리 학교는 미국 학교인증을 받았다"라고 홍보를 한다. 그러나 실제로 학교인증을 받지 못한 학교가 인증을 받은 학교보다 더 많다. 이들 학교들은 법적으로 '학교'가 아닌 '학원'일 뿐이다.

한국은 국가 기관이 학교 인가 권한을 갖고 있지만 미국은 민간 기구가 인증 권한을 갖고 있다. 예를 들어서 경남국제외국인학교, 국제크리스천학교 홈페이지에 들어가 보면 'WASC'(Western Association of Schools and Colleges) 학교인증을 받았다고 나와 있다. 이 학교는 정식 미국 학교인증을 받은 학교다.

미국의 6개 민간 학교인증 기관은 지역별로 나눠 심사를 맡는다. 미국 학교인증 기관은 다음과 같다.

▲Middle States Association of Colleges and Schools

▲New England Association of Schools and Colleges

▲North Central Association of Colleges and Schools

▲Northwest Commission on Colleges and Universities

▲Southern Association of Colleges and Schools

▲Western Association of Schools and Colleges

한다는 조건이 있다. 그러나 현실적으로 한국 학생이 중국 대학 입학시험인 가오카오를 응시할 수 없다. 따라서 중국 현지 로컬 학교를 다닌 학생은 지원할 수가 없다. 이런 경우에 독일 대학 공통원서(우니 아시스트)가 아닌 개별 대학의 경우 가능할 수도 있다. 일일이 독일 대학에 질의를 해 봐야 한다.

그 다음으로 중국 내 미국계, 영국계 학교에 다닐 경우다. 미국계 국제학교에 다닐 경우 위에 언급한 미국 고등학교 졸업자의 독일 대학 지원조건을 맞추어야 한다. 중국 내 사립학교 가운데 명문이고 또 미국식 영어 교과목 커리큘럼으로 가르치는 학교가 많지만 미국 학력인증을 받지 못한 학교에 다니면 이 역시 지원이 불가능하다.

영국계 국제학교의 경우 IB 또는 A레벨 과정을 공부한다. 이 경우 독일 대학이 요구하는 IB 혹은 A레벨 조건을 맞추어야 한다. 이 역시 독일 아나빈 사이트에 자세히 기술돼 있다.

만일 중국 내 로컬 고등학교를 졸업하고 중국 대학에 간 경우 중국 대학에서 4년간 공부를 하고 학사 학위를 받으면 독일 대학 학부에 모든 전공으로 갈 수 있다. 물론 동일 전공의 경우 독일 대학원에 진학할 수도 있다.

3) 동남아 지역 고등학교 출신

필리핀 등 아시아 여러 지역에 조기 유학을 간 학생의 경우 로컬 스쿨(현지 고등학교)이냐, 미국계 혹은 영국계 고등학교이냐에 따라 지원조건이 달라진다. 아시아 지역 각 나라 로컬 스쿨에 다닌 경우 독일 대학 지원이 불가능하다. 이 경우에는 그 나라 대학 4년을 졸업하고 독일 대학 학부로 가야 한다. 이 경우 전공을 마음대로 선택할 수 있다.

그 해당 국가 소재 미국계, 영국계 국제학교를 다닌 학생의 경우 앞서 중국의 경우와 같다. 인증을 받은 학교 학생으로 4년을 다니면 미국 고등학교 졸업자와 같은 조건으로 독일 대학 지원이 가능하다.

4) IB, A레벨 이수 학생의 경우

학생이 다니고 있는 고등학교가 인터내셔널 바칼로레아(IB) 또는 A레벨 과정의 학교라면 독일 대학이 요구하는 조건을 맞추어야 한다. IB의 경우 미국계 고등학교에서는 11-12학년에, 영국계의 경우 12-13학년에 IBDP를 한다. 이때 독일 대학이 요구하는 IBDP 과목별 조건을 반드시 맞추어야 한다. 보통 IBDP의 경우 High과 Standard로 각각 3과목을 듣는다. 이때 독일대학은 High로 수강할 과목과 Standard로 들어야 할 과목을 지정한다. 만일 영국계 고등학교로 A레벨을 하는 학생이라면 역시 독일 대학이 요구하는 과목을 수강해야 한다. 이 조건은 매우 까다로워서 독일의 아나빈(Anabin) 사이트에 접속해 알아보거나 전문가의 도움을 받아야 한다.

독일 대학 IBP프로그램으로 진학한 학생들

#1. A는 국내 고등학교 졸업 후 지방 소재 대학에 입학을 했다. A는 자신이 지방 대학에 다닌다는 것에 늘 콤플렉스를 갖고 있었다. 그는 미래교육연구소 월례 특강에서 영어로 학비 없는 독일 대학에 갈 수 있다는 정보를 얻었다. 영어가 약점이었지만 영어 공부 석 달 만에 토플을 55점에서 80점으로 올렸다. 국내 고등학교 졸업 조건으로 독일 대학에 진학하는 데 별 문제가 없었다. 그는 결국 독일 명문 뒤스부르크 에센대학에 진학했다. 만약 A가 미국 사립대에 진학했다면 4년간 학비만 2억 4000만 원 정도 든다. 그는 독일 대학에 학비를 내지 않고 다녔으므로 결국 2억 원 이상을 절약하고 대학을 마친 셈이다.

#2. B는 미국에서 명문 고등학교를 나오고 국내 명문대 국제학부에 진학을 했으나 교과 과정과 수준에 만족하지 못했다. 그는 미국 대학 편입과 독일 대학 신입을 놓고 고민을 하다가 독일 대학 학부 1년생으로 새로 들어갔다.

#3. C는 지방 국립대학교 컴퓨터공학과를 3년간 다녔다. 그는 군대를 다녀와도 흔들리는 마음을 잡을 수가 없었다. 학교 수준도 마음에 들지 않고 학점도 낮아서 졸업 후 취업이 어렵다고 생각했다. 고민 끝에 고등학교 성적으로 독일 대학에 1학년으로 지원하기로 했다. 이 학생은 지방 국립대학교 성적이 아닌 고등학교 성적과 수능성적, 그리고 토플 성적으로 독일 대학에 입학했다.

#4. D가 필자를 만난 것은 D가 서울 명문 사립대 2학년에 재학 중인 때였다. 그는 1학년 때 서클 활동을 하느라 성적이 바닥이었다. 군대를 다

독일 대학 지원자격 사전 점검하기

독일 대학 지원은 앞서 보았듯이 까다롭다. 국가별로 그 지원 자격을 엄격하게 규정해놓고 있다. 독일 대학에는 자신이 지원 가능한지에 대해 예비 검토를 할 수 있는 제도가 있다. VPD(예비 검토 문서)라는 것이다. 일부 대학은 지원자에게 우니 아시스트(UNI-Assist)의 VPD를 요구한다. VPD는 지원자가 제출한 외국 문서들을 체크한 후 독일어 등급 시스템으로 환산하여 제출 서류가 독일 대학 입학에 충분한지 검토한 후 긍정적인 결과가 나오면 발급되는 문서다. VPD가 발급되면 지원자는 이 서류를 가지고 곧바로 대학에 지원할 수 있다. VPD 신청을 하기 위해서는 온라인으로 등록을 한 후 온라인 지원 신청서를 작성하고 프린트하여 서명을 한 후 우니 아시스트로 발송하면 된다. VPD 서류를 받기 위해 독일어 어학 증명서는 필요하지 않으며 지원 대학으로 바로 제출된다. 서류 검토에는 검토 비용이 든다. 미래교육연구소는 자신이 독일 대학 지원 자격이 있는지에 대해 확정적으로 알아보고 싶은 사람을 위해 VPD 서비스를 제공한다. 이 증명서는 발급받은 후 1년간 유효하다. 자신이 독일 대학 지원 자격이 있는지에 대해 확신이 없을 경우 이 제도를 활용할 수 있다.

녀와 2학년으로 복학을 했지만 1학년 때 뒤떨어진 성적을 만회하기는 힘들었다. D는 고등학교를 지방에서 다녔고 성적이 우수했다. 그래서 D는 대학교 성적을 버리고 고등학교 성적과 수능성적으로 독일 대학에 지원을 했다.

#5. E는 한국방송통신대학 2학년에 재학 중이다. 방통대 4년을 졸업하고 대학 성적과 전공을 갖고 독일 대학 학부 1학년으로 다시 입학할 계획이다. 2학년을 마치고 독일 대학 1학년으로 지원하려 했으나 전공이 맞지 않았다. 전공을 바꾸려면 국내 대학 4년을 졸업한 후 지원을 해야 한다. 문제는 한국방송통신대학의 4년 과정을 인정하는 독일 대학을 찾아야 한다는 것이다.

#6. F는 미국 주립대학 2학년을 마치고 군대를 갔다. 그 사이에 가세가 기울어 부모가 미국 대학 학비를 지원해 줄 수 없게 됐다. F군의 아버지는 고민 끝에 아이에게 독일 대학 1학년부터 다시 시작할 것을 권했다. 학비가 전혀 들지 않고 월 생활비도 100만 원 미만으로 든다는 것이 이런 용기를 갖게 했다. 그는 결국 도전을 했고 독일 대학에 진학해 학비 걱정 없이 다니고 있다.

독일에도 명문 대학이 있나?

독일 대학은 공립대학이 주축을 이룬다. 독일 대학에는 명문 대학 개념보다 어느 대학이 우수한 전공을 갖고 있느냐로 따진다.

독일은 학벌 의식이 없는 이상한(?) 나라다. 독일에는 서울대, 연고대식의 구별이 없다. 미국의 아이비리그와 주립대학식의 구별도 없다. 한국인 유학생들은 베를린이나 본 등 잘 알려진 도시에 있는 대학으로 유학을 가고자 한다. 독일인에게는 존재하지 않는 서열이 한국인의 머릿속에는 깊게 입력돼 있다.

그러나 영국, 미국 등의 여러 기관들이 전 세계 대학들의 랭킹을 내면서 독일의 자존심이 무너졌다. 세계 최고의 학문 선진국임을 자부했던 독일이다. 이런 결과를 낳게 된 것은 독일이 대학평준화를 했기 때문이다. 세계대학 평가에서 독일 최고 대학이라는 평가를 받은 뮌헨대학의 순위가 50위권이다. 미국, 영국, 프랑스, 일본 대학들에 비해 형편없는 순위다. 독일은 국제적으로 대학순위에서 뒤지지만 독일에는 대학 평준화로 입시지옥이 없다. 전국적으로 인재가 골고루 분포돼 있다.

그런 독일이 5년 전부터 대학 정책의 변화를 시도했다. 대학 경쟁력을 미국 영국처럼 끌어올리자는 데 합의하고 국가 차원에서 명문 대학 육성에 엄청난 예산을 투입하고 있다. 첫 번째로 선발된 대학들은 아헨, 베를린 자유대, LMU뮌헨, TU뮌헨, 괴팅겐, 하이델베르크, 칼스루에, 프라이부르크, 콘스탄츠 등 9개 대학이다. 이 대학들의 명문대 지정은 5년이다. 5년이 지나면 재선정을 한다. 두 번째로 선정된 중점 육성대학 11곳은 기존의 엘리트 대학 가운데 칼스루에와 프라이부르크, 괴팅겐대학이 탈락하고 이를 제외한 6개 대학과 베를린, 훔볼트, 드레스덴, 쾰른, 튀빙겐, 브레

멘 등 7개 대학이 새로 선정됐다. 연방정부는 '독일 우수 대학 집중 육성 사업'(Exzellenzinitiative)을 추진하고 있고, 주로 과학기술 분야에 집중됐다.

독일 우수 대학 집중 육성 사업 (Exzellenzinitiative) 대상 대학

조건	자격
1차	아헨대, 베를린 자유대, LMU뮌헨대, TU뮌헨대, 괴팅겐대, 하이델베르크대, 칼스루에대, 프라이부르크대, 콘스탄츠대 〈9개 대학〉
2차	아헨대, 베를린 자유대, LMU뮌헨대, TU뮌헨대, 하이델베르크대, 콘스탄츠대 +드레스덴공대, 베를린 훔볼트대, 브레멘대, 쾰른대, 튀빙겐대 〈11개 대학〉

노르웨이 대학, 학비 없이 영어로 가기

독일과 함께 영어로 전공 전 과정을 공부할 수 있고, 학비가 없는 나라가 하나 더 있다. 노르웨이다. 핀란드와 스웨덴도 국제학생들에게 학비를 받지 않았으나 핀란드는 2016년에, 스웨덴은 2012년에 각각 해외 학생들에게 학비를 받는 정책으로 전환했다. 이제 전 세계에서 외국 유학생들에게도 학비를 받지 않는 나라는 독일과 노르웨이 두 나라뿐이다. 핀란드와 스웨덴도 유럽연합(EU) 소속 학생들에게는 여전히 무료다. 비 EU국가 학생들에게만 돈을 받는다. 핀란드의 경우 핀란드어와 스웨덴어로 대학에 지원을 하면 역시 무료다.

노르웨이 대학에 영어로 개설된 전공

(https://www.studyinnorway.no/What-can-I-study?level=0&subject=)

	SUBJECT AREA	LEVEL
1	3D art, Animation and VFX	Bachelor
2	Acting	
3	Arctic Adventure Tourism	
4	Business Administration (BBA)	
5	Circumpolar Studies	
6	English	
7	Games and Entertainment Technology	
8	International Environment and Development Studies	
9	International Teacher Education for Primary Schools (ITEPS)	
10	Northern Studies	
11	Scenography	
12	Science in Biology	

노르웨이 대학 순위

Ranking	SUBJECT AREA
1	University of Oslo / Universitetet i Oslo
2	University of Bergen / Universitetet i Bergen
3	Norwegian University of Science & Technology / Norges Teknisk-Naturvitenskapelige Universitet
4	University of Tromso / Universitetet i Tromsø
5	University of Agder / Universitetet i Agder Norwegian University of Life Sciences /
6	Norges miljø- og biovitenskapelige universitet
7	University of Stavanger / Universitetet i Stavanger
8	Oslo and Akershus University College of Applied Sciences / Høgskolen i Oslo og Akershus
9	Norwegian School of Economics / Norges Handelshøyskole
10	Norwegian University for Sport and Physical Education / Norges Idrettshøgskole

자료출처: http://www.webometrics.info/en/Europe/Norway%20

노르웨이는 북유럽 노르딕 국가 가운데 하나다. 인구 500만 명의 노르웨이는 행복지수 1위, 국민소득 세계 2위의 강소국이다. 원래 가난한 나라였으나 1960년대 북해 유전이 발견되면서 부유한 나라 대열에 올라섰다. 또한 자연환경이 뛰어나 관광 수입도 많다. 유럽 여러 나라들이 축복을 받은 나라이지만 노르웨이는 특히 그렇다. 노르웨이 대학들은 학비가 무료이지만 학부의 경우 영어로 개설된 전공이 그리 많지 않다는 것이 단점이다. 반면 노르웨이 대학원은 수많은 전공들을 영어로 개설했다.

노르웨이 대학은 다른 유럽 국가의 대학들처럼 수업 연한이 3년이다. 더러 1년인 경우도 있다. 노르웨이 대학 지원조건은 다소 까다롭다. 유럽은 고등학교 과정을 마치기까지 13년제이고 한국은 12년제이기 때문에 1년이 부족하다. 따라서 한국 학생들이 노르웨이 대학에 진학을 하려면 대학 1년을 다닌 뒤에 지원이 가능하다. 그러나 해외에서 고등학교 과정을 마친 학생들 가운데 IB, A Level 과정을 마쳤다면 곧바로 지원이 가능하다. 미국에서 고등학교를 다녔거나 미국계 고등학교를 다니면서 AP 3과목을 이수했다면 대학 1학년을 안 다니고도 곧바로 지원이 가능하다. 그러나 어떤 과목을 AP로 들어야 하는지에 대해서는 지정해 놓지 않았다.

노르웨이 대학원은 국제학생들에게도 학비를 받지 않으며 많은 전공들이 영어로 개설돼 있다. 석사 과정을 공부하기 좋은 대학들은 오슬로대학(University of Oslo)을 비롯해 베르겐대학, 노르웨이과학기술대학, 노르웨이경제대학 등이다. 노르웨이 대학에서 경쟁력 있는 전공들은 사회과학, 물리학, 경영학, 경제학, 환경학 등이다. 이외에도 컴퓨터 사이언스, 엔지니어링, 관광학, 자연과학 등도 경쟁력이 있다.

노르웨이 대학 및 대학원에 진학을 하려면 적어도 1년 전부터 준비하는 것이 좋다. 한국 학생들이 가기에 가장 큰 걸림돌은 지원조건이다. 특히 영어 조건이다. 토플 80점 이상 또는 아이엘츠 6.0 이상의 공인 영어 점수를 확보해야 한다. 그러나 대학원은 한국, 중국 등 어느 나라가 됐든 대학을 4년 졸업하면 곧바로 지원이 가능하다. 다만 전공별로 대학 학부과정에서 반드시 이수해야 할 과목과 이수 학점 단위가 있다. 이는 전공별로 다 다르기 때문에 지원 준비 과정에서 자세히 파악해야 한다.

노르웨이 대학, 대학원 지원 마감은 다른 나라에 비해 빠르다. 대부분 10월 1일부터 12월 1일까지다. 학부에서 일부 전공은 그 다음해 2-7월까지 원서를 받기도 하지만 대부분은 12월 1일이다. 따라서 늦어도 8-9월에는 학교 찾기 및 원서 작성 작업에 들어가야 한다.

한 가지 노르웨이는 학비가 없는 대신 생활비가 다른 나라에 비해 조금 많이 든다. 그러나 계산을 해 보면 미국과 그리 큰 차이가 나는 것은 아니다. 영국 런던이나 프랑스 파리와 비슷하다. 학비를 제외한 연간 총 비용은 약 1500-1800만 원 정도다. 경제적 이유로 미국 대학 진학을 꺼린다면 유럽, 그 중에서도 독일과 노르웨이 대학을 생각해 보라. 학비가 없다는 것은 대단한 혜택이 아닐 수 없다. 적어도 4년간 1억 5000만 원 내지 2억 원을 절약할 수 있다. 또한 졸업 후 취업이 미국에 비해 까다롭지 않다. 시야를 넓히면 더 넓은 세상이 보인다.

유럽 최고 명문 오슬로대학 영어로 가기

오슬로대학은 1811년에 세워졌다. 노르웨이에서 가장 오래된 명문 대학이다. 세계 랭킹 58위이며 노르딕 국가 내 랭킹 3위 대학이다. 2만 7700명이 재학 중인 대형 대학이다. 법학, 의학, 인문학, 수학, 자연과학, 교육학, 사회과학 분야의 많은 전공들이 개설돼 있다. 오슬로대학원에는 영어로 전 과정을 공부할 수 있는 전공들이 많이 개설돼 있다.

오슬로대학은 월드 클래스 대학으로 연구, 혁신, 교육의 역할을 하는 주요 교육기관이다. 상하이교통대학이 내놓은 세계 랭킹에서 100위 대학에 들어 있고 5명의 노벨상 수상자를 배출했다. 8개 단과대학 석사과정에 완전히 영어로만 공부할 수 있는 40개 전공을 개설해 놓고 있다. 학사, 석사, 박사 전 과정에서 800개 과정을 영어로 배울 수 있다.

오슬로대학은 연구중심대학으로 노르웨이에서 가장 규모가 크고 교육의 질이 우수하다. 우수한 교수진을 확보하고 있고 교수들은 국가로부터 많은 연구 기회와 연구기금을 제공받고 있다. 학생들은 교수의 지도를 받으며 연구 활동을 할 수 있다. 다양한 전공을 굳이 노르웨이어를 배우지 않아도 영어로 들을 수 있다. 현재 전체 오슬로대학 학생의 13%가 국제학생이고 박사과정은 26%가 국제학생이다. 노르웨이 박사과정 학생의 3분의 1이 오슬로대학에서 공부하고 있다. 상당수 박사과정 학생들은 리서치 펠로우로 혹은 다른 기관의 연구자로 급여를 받으며 생활의 어려움 없이 공부를 하고 있다.

노르웨이 최고 명문 오슬로대학은 컴퓨터 관련 다양한 전공을 영어로 제공하고 있다. 최근 여러 전공 가운데 컴퓨터 사이언스는 가장 인기 있는 전공 가운데 하나다. 미국 대학 학부와 석사 과정에서도 이 전공을 하려는 학생들이 몰리고 있다. 4차 산업혁명의 핵심 분야이기 때문일 것이다. 국제학생들에게도 학비가 없고 영어로 공부할 수 있는 노르웨이 대학이 제공하는 컴퓨터 전공 관련 MA(석사) 과정은 다음과 같다.

▲컴퓨터 사이언스(Computer Science) ▲Data Science ▲Informatics(Design, Use, Interaction) ▲Informatics(Language Technology) ▲Informatics(Programing and System Architecture) ▲Informatics(Robotics and Intelligent System) ▲Information and Communication Technology) ▲Information Security ▲Information Security- Experience Based ▲Information Systems

오슬로대학은 이 가운데 Informatics 관련 전공들을 제공하고 있다. 이 가운데 로봇 인공지능 전공이 가장 인기가 있다. 오슬로대학은 이 전공에 대해 "The programme has a focus on robotics systems and embedded systems. Especially on how to make such systems more intelligent and adaptable using programming, machine learning and other methods Based in informatics. This programme will as such cover the competence needed in today's industry."라고 설명하고 있다.

이 전공에는 두 가지 선택 옵션이 있다.

1) Cybernetics and autonomous system

2) Robotics and intelligent systems

원서 접수 기간은 10월 1일부터 12월 1일까지다. 지원조건은 다음과 같다.

1) 학사 학위 소지자(현재 4학년 졸업예정자는 안 됨)

고등학교 졸업장과 대학 4년 학사 학위가 있어야 함

2) 최소학점 C 이상 & 토플, 아이엘츠 성적

3) 스페셜 requirement: 일부 학부 과정에서 들어야 할 필수과목이 있음

노르웨이 대학에서 3D art, Animation and VFX 전공 영어로 하기

지방대에 재학 중인 한 학생이 노르웨이 노르드(Nord)대학에서 3D art, Animation and VFX를 전공하겠다고 찾아왔다. 앞으로 미래가 있는 전공 가운데 하나다. 노르드대학 진학 조건은 ▲한국 학생의 경우 대학 1년을 반드시 다녀야 한다. ▲토플 점수 50점. 비

오슬로대학의 '혁신과 창업' 전공

오슬로대학에서 Business, 그 가운데서도 'Innovation and Entrepreneurship'(혁신과 창업) 전공(석사)은 여러 미래 전공 가운데서도 유망한 전공으로 꼽힌다. 이 전공은 경쟁이 치열하다. 합격은 성적에 따라 결정된다. 학점이 매우 우수해야 함은 물론이다. 해당 과목의 전공 학점이 80 ECTS가 되어야 한다. 또한 SOP(학업 계획서)를 잘 써야 한다. 이 전공으로 약 30명을 선발한다.

교적 낮다. 하지만 수업을 들으려면 최소한 80점 이상은 되어야 한다. ▲포트폴리오 제출 등이다.

이 전공에 대한 개관이다. "Are you interested in 3D, animation or visual effects for film and TV? This programme gives insight into both the technical and artistic aspects of the industry. Through traditional art and compositional theory, you gain the necessary knowledge to proceed with modern digital tools.

What makes us unique? At our department, you have the option to specialize within different fields of CG and VFX. During the programme, you will collaborate with both film and game students on student productions. You will be mentored by faculty with international industry experience. As a student, you will have access to industry standard facilities, including a 120m green screen studio, modern labs with updated software."

이 대학은 기존의 관련 회사에 취업은 물론 창업을 할 수 있도록 도와준다. 인턴십 네트워크를 구축하도록 도와주는 것은 물론 '학생회사(Student company)'를 만들어 졸업 후 활발하게 활동할 수 있도록 지원을 해준다.

노르웨이에서 초등교사 국제 자격증 획득하기

학교 교사는 어느 나라건 안정된 직업이다. 노르웨이에는 전 세게 어느 나라에서든 초등학교 교사를 할 수 있는 국제교사 자격증을 획득하는 전공이 있다. International Teacher Education for Primary Schools(ITEPS) 코스가 그것이다. 최근 국내 최초로 도전, 합격을 한 학생이 연락을 해왔다. 미래교육연구소의 블로그 정보에 힘입어 도전을 했고 합격을 얻어냈다는 것이다.

미래교육연구소가 이 전공을 소개하자 많은 학생들과 현직 교사들이 이 전공에 대해 궁금함을 전해왔다. 이 프로그램에 대한 개괄이다.

"If you have a passion to teach and are open to new cultures, teaching in an international context may suit you. The International Teacher Education for Primary Schools(ITEPS) is the first full Bachelor program that educates students to become teachers in an international setting. HBV University College(Norway), University College Zealand(Denmark), and Stenden University(the Netherlands) offer ITEPS jointly.

The program consists of modules. While the majority of your studies will be at HBV University College, some elective parts are conducted at our partner universities. Once you have completed your four-year programme, you will be awarded a Bachelor of Education title. You will receive a diploma supplement with your diploma to show that you are also specifically prepared to teach at an international school."

모집인원이 20명이다. 경쟁이 치열할 수밖에 없다. 전 과정을 영어로 강의한다. 일반적으로 노르웨이 대학의 수학 연한은 3년이지만 이 전공은 4년을 배워야 한다. 해마다 원서 접수 시작은 10월 1일, 마감일은 12월 1일이다.

학비 저렴한 네덜란드 대학, 영어로 진학한다

이번에는 네덜란드 대학이다. 왜 네덜란드 대학일까? 네덜란드는 비영어권 유럽 국가 가운데 영어가 가장 잘 통용되는 나라다. 네덜란드는 오랜 대외 무역의 전통을 가진 나라다. 역사에 등장하는 동인도 회사의 나라다. 이 회사는 세계 최초의 주식회사이고, 세계 최초의 다국적기업이며, 17세기 세계 최대의 회사였다. 이런 배경을 바탕으로 오래 전부터 해양으로 진출을 해서 18세기에는 막강한 국력을 자랑했다. 이런 전통이 남아서 많은 대학들이 영어 전공을 개설하고 있다.

네덜란드 대학들은 대부분 교육의 질과 수준이 높다. 전공도 다양하다. 반면, 지원조건은 그리 까다롭지 않다. 많은 대학들이 1월에 마감을 하지만 5월 1일에 마감을 하는 대학들도 적지 않다.

네덜란드의 장점은 국제화되고 다양한 문화가 존재하는 나라라는 점이다. 학비가 연간 800~1600만 원 정도로 저렴하다. 미국 주립대학의 절반밖에 안 된다. 네덜란드 대학은 혁신적인 교수법으

2018년 네덜란드 대학 순위

네덜란드 대학 순위	세계 대학 순위 2018	대학 이름	소재지
1	59	University of Amsterdam	Amsterdam
2	63	Delft University of Technology	Delft
3	64	Wageningen University & Research	Wageningen
4	67	Leiden University	Leiden
5	68	Utrecht University	Utrecht
6	=72	Erasmus University Rotterdam	Rotterdam
7	=83	University of Groningen	Groningen
8	103	Maastricht University	Maastricht
9	122	Radboud University Nijmegen	Nijmegen
10	=141	Eindhoven University of Technology	Eindhoven

출처: Times Higher Education (https://www.timeshighereducation.com/student/best-universities/best-universities-netherlands)

암스테르담 대학 영어로 가능한 16개 학부 전공 리스트

전공 프로그램
Actuarial Science
Business Administration
Communication Science
Econometrics and Operations Research
Economics and Business Economics
English Language and Culture
European Studies
Liberal Arts and Sciences (Amsterdam University College)
Linguistics
Literacy and Cultural Analysis (Literary Studies)
Media and Information
Political Science
Politics, Psychology, Law and Economics
Psychology
Sign Language Linguistics (Linguistics)
Sociology

로 학생들을 가르친다. 생활비가 저렴한 것도 장점이다. 월 100만 원 내지 130만 원 정도다. 동시에 영어로 개설된 전공이 많다.

세계 명문 네덜란드 암스테르담대학 영어로 진학하기

네덜란드 하면 생각나는 것이 많다. 풍차, 튤립, 렘브란트, 반 고흐, 오렌지색 등이다. 네덜란드 대학들은 유럽 대학들이 모두 그렇듯이 3년제지만 국내 고등학교 학생들은 파운데이션을 포함해 4년을 다녀야 한다. 해외 고등학교를 졸업한 학생들 가운데 AP 3과목 이상, IB 혹은 A레벨을 했을 경우 파운데이션을 하지 않고 곧바로 1학년으로 진학이 가능하다. 네덜란드 대학들은 수학을 매우 중요하게 생각한다. 고등학교 이수과목을 철저히 점검을 해야 한다. 이수과목이 맞지 않으면 지원에 어려움을 먹는다.

네덜란드에는 14개 연구중심대학과 41개의 응용과학대학이 있다. 대학 시스템은 독일과 비슷하다. 이론을 중심으로 가르치는 연구중심대학과 실무 위주의 교육을 가르치는 응용과학대학으로 나눠져 있다. 2018년 영국의 Times 랭킹에 따르면 전 세계 200개 대학이 '명문 대학'으로 올라 있고, 이 가운데 네덜란드 대학은 13개 대학이 랭크돼 있다. 이 가운데 5개를 소개하자면 1) University of Amsterdam 2)Delft University of Technology 3) Wageningen University and Research 4)Leiden University 5) Utrecht University 등이다.

이 가운데 가장 관심이 가는 대학은 랭킹 1위인 암스테르담대학이다. 이 대학은 1632년에 설립됐다. 역사와 전통이 있는 명문 대학으로, 네덜란드에서 3번째로 오래된 대학이다. 약 2만 5000명의 학생이 공부하는 대학이다. 세계 랭킹 50위권 대학으로 서울대, 연고대보다 높다. 이 대학은 영어로 약 150개 이상의 전공을 제공하고 있고, 100여 개 국가에서 3000명의 유학생들이 와서 공부하고 있다. 메인 캠퍼스는 암스테르담에 있고 분교가 여러 도시에 흩어져 있다. 암스테르담 대학은 유럽 최대의 연구중심대학이다. 이 대학에 영어로 갈 수 있는 학부 전공은 다음과 같이 16개다.

매우 경쟁력 있는 전공도 보인다. 이공계 전공보다 사회과학 계열의 전공이 많다.

네덜란드 대학원 학비 저렴하게 영어로 전공하기

네덜란드 대학 석사 과정의 상당수가 영어로 진행되고 있다. 네덜란드는 해마다 영어로 가르치는 전공수를 늘려가고 있다. 이런 추세라면 조만간 거의 모든 대학에서 영어로 대학원을 마칠 수 있을 것으로 본다. 네덜란드의 교육도시인 델프트와 와네깅엔대학에서는 이미 대학원 과정 전부를 영어로 마칠 수 있다. 네덜란드어로는 대학원 과정을 공부할 수도 없다. 그렇지만 아직도 대학 학부에서는 네덜란드어로 하는 강의가 대다수다.

일부 명문 대학의 경우 강의의 50% 이상이 영어로 진행된다. 이러한 경향은 델프트대학에 그치지 않고 암스테르담대학에서도 같은 경향을 보여 2000년에는 10% 정도로 그치던 영어 강의가 지금은 70% 이상이다. 이러한 추세는 그로닝엔대학, 마스트리트대학, 탈부르그대학 및 아인트호벤대학에서도 찾아 볼 수 있다.

네덜란드와 이웃하고 있는 벨기에에서는 아직 일부 대학에서만 영어 강의가 이루어지고 있는데, 전통적으로 네덜란드에서 실행되는 일이 벨기에에서는 시간이 지난 뒤에 반복되는 점을 감안할 때 조만간 벨기에에서도 대학원 과정의 상당수가 영어로 진행될 것으로 보인다. 현재 일부 벨기에 대학에서는 대학원 과정의 10% 정도만 영어로 강의를 하고 있다.

네덜란드 대학들 중 세계 대학 100대 순위에 들어간 대학이 여러 개 있다. 이런 것도 네덜란드 유학생들이 늘어나는 원인 가운데 하나다.

중국 대학, 아직도 중국어로 가니?

최근 중국이 고등 교육 분야에서 괄목할 만한 성장을 하고 있다. 중국 중앙정부가 중국 대학들을 월드 클래스 대학으로 키우기 위해 많은 투자를 함과 동시에 전공들을 대거 영어로 개설했다. 중국이 세계의 중심이라는 중화(中華)를 고집하지만 영어 중심의 세계적 트렌드에는 어쩔 수 없는 것 같다. 중국 대학들은 그동안 중국어로만 해외 유학생들을 받았다. 그러나 최근 중국 대학들은 중국어를 몰라도 영어로 공부하려는 학생들에게 대거 문호를 개

방한 것이다.

중국의 명문 대학이라고 하면 2017년 이전에는 211대학, 985대학이었다. 중국 정부는 최근 이 제도를 개편, 대학들을 다시 ClassA, B 대학으로 분류했다. ClassA 대학들은 그야말로 중국의 최상위 대학들로, 전공 전 과정을 영어로 개설하고 학사와 석·박사 학위를 주고 있다.

대학 전공을 통해 중국 대학을 들여다보자. 중국 대학 가운데 컴퓨터 사이언스 전공을 영어로 개설한 대학은 총 28개다. 이 가운데 클라스A 대학은 12개다. 이 대학들은 중국 학생들도 진학하기 매우 힘든 대학들이다. 예를 들어 중국전자과기대학(University of Electronic Science and Technology of China), 베이징이공대학(Beijing Institute of Technology)들이 해당된다. 중국 정부는 해외 유학생을 50만 명까지 받아들이겠다는 계획을 세워 놓고 있다.

필자는 해마다 중국 대학에 가서 재중 한국 유학생들을 대상으로 교육 특강을 한다. 지금까지 칭화대, 베이징대, 상하이 자이퉁대, 푸단대, 저장대에서 강의를 했다. 금년 봄에도 여러 대학에서 재중 한국 유학생들과 자리를 함께 했다.

필자가 찾은 이들 대학은 중국 최고 명문 대학들이고 여기서 공부하는 한국 유학생들은 자신들이 다니는 대학에 대해 자부심을 갖고 있었다. 그런데 이 학생들과 대화를 나눠보면 너나 할 것 없이 두 가지 걱정을 갖고 있었다.

재중 한국 유학생들은 졸업 후 곧바로 중국 회사에 취업을 못한다. 세계에서 이렇게 해외 유학생의 자국 기업 취업을 막는 나라는 중국과 스위스다. 중국 취업 규칙은, 해외 유학생이 중국 기업에 취업을 하려면 해외에서 2년 이상의 경력이 있어야 한다고 규정하고 있다. 그러니 4년제 대졸 해외 유학생이 중국 기업 취업을 못하는 것이다.

첫 번째, 모든 재중 한국 유학생들의 공통적인 고민은 졸업 후 취업 문제였다.

중국 명문 대학에 다니는 유학생 대부분은 어릴 때부터 중국 고등중학교 로컬 스쿨 국제반에 다녔거나 외국인 학교를 다녀 중국어가 모국어처럼 유창하다. 일부 학생들은 국내 고등학교 졸업 후 HSK로 유학을 온 학생들도 있다. 재중 한국 유학생 대부분 현재 다니고 있는 대학을 졸업한 후 미래를 어떻게 열어갈 것인지에 대한 걱정이 많았다. 칭화대, 베이징대학 등 중국 명문 대학을 졸업하더라도 곧바로 중국 회사 취업이 불가능하다.

두 번째는 거의 모든 학생들이 낮은 학점에 대한 걱정을 하고 있었다. 필자는 어렵게 재중 한국 유학생들에게 성적(학점)을 물어보았다. 거의 다 3.0을 넘지 못하고 어떤 경우는 2.0대 초반을 받고 있었다. 유독 필자가 만난 학생들만 그렇지는 않을 것이다. 필자가 강의한 대학들은 모두 중국 최고 명문 대학이고 중국인 최고의 인재들이 공부하고 있다. 재중 한국 유학생들은 이들과의 경쟁에서 밀리고 있었다. 일부 한국 학생들은 자존감이 많이 떨어져 있었다.

필자가 만난 일부 유학생들은 오도 가도 못하는 자신의 처지를 안타까워했다. 필자는 어떻게든 이들의 길을 열어주고 싶었다.

또 한 가지 첨언하자면 이들의 앞을 막는 요소가 하나 더 있었다. 전공의 문제였다. 누구도 이들에게 전공에 대해 조언을 해 주는 사람이 없었다. 그래서 상당수 학생들이 대학을 졸업하고도 법학 등 경쟁력이 없는 인문 사회학 분야 전공을 하고 있었다. 이제와서 바꿀 수도 없는 상황이었다.

중국 소재 한국 회사나 외국 회사에 취업을 해서 중국으로 파견오는 형태로 해야 취업이 가능하다. 그런데 이런 회사에 취업할 수 있는 학생들이 얼마나 될까? 외국계 회사에 취업하려면 영어가 유창해야 하는데 그게 또 장벽이다. 재중 한국 유학생이 5만 명이 넘지만 세계적인 중국 기업인 텐센트, 알리바바, 화웨이 등 그 어느 회사도 중국 대학 졸업 후 곧바로 취업한 사람은 없다. 그러나 미국 내 한국 유학생들 가운데 구글, 페이스북, 아마존에 취업한 학생들은 있다.

필자가 만난 재중 한국 유학생들의 꿈은 의외로 소박했다. 중국으로 활발히 진출하고 있는 CJ에 취업하는 것이었다. 아마 취업이 어렵기 때문에 그럴 것이다. 금년도 베이징대 한국 유학생 회장도 CJ에 취업을 했다.

재중 해외 유학생들에게 가장 인기 있는 전공 5가지

2015년 현재 중국에 유학하고 있는 학생 수는 총 39만 7635명이다. 지난 2009년 유학생 총수는 23만 8184명이었고, 해마다 그 수가 증가하고 있다.

그렇다면 중국에 유학하는 학생들이 가장 많이 하는 전공은 무엇일까? 우선 중국어(Chinese)가 가장 많다. 두 번째로는 기계공학(Mechanical Engineering), 세 번째는 MBA(경영학 석사), 네 번째는 국제경제학 및 무역(International Economics & Trade), 다섯 번째는 중국 전통 의학, 여섯 번째는 컴퓨터 사이언스다.

중국은 워낙 큰 나라여서 대학 수도 많다. 따라서 지역별로 대학 순위를 매기기도 한다. 우선 기계공학을 전공하려 할 때 베이징과 상해에서 가장 좋은 대학은 어딜까? 베이징에서는 1. 칭화대학 2. 베이징이공대학 3. 베이징대학이다. 상해에서 기계공학이 좋은 대학은 1. 상해교통대학 2. 동화대학 3. 상해 대학 등이다.

이어서 컴퓨터 사이언스가 좋은 중국 대학은 어딜까? 1위 칭화대학, 2위 베이징대학이다. 그런데 아쉬운 것은 칭화대학과 베이징대학에는 학부에 영어로 전공이 개설돼 있지 않다. 영어로 이 두 대학에 가려면 학부가 아닌 석박사 과정으로 가야 한다. 하지만 베이징의 항공항천대학과 북경과기대, 상하이교통대학, 우한화중기술대학 등 많은 중국 일류(First Class) 대학이 컴퓨터 사이언스를 영어로 개설하고 있다.

중국에서 중국어가 아닌 영어로 갈 수 있는 대학은 300여 개이고, 이들 대학이 개설한 전공 수는 2000개가 넘는다. 중국의 약 70개 도시에 이들 대학이 산재돼 있다.

중국 대학에 영어로 진학한 이후 진로

중국 대학에 영어로 진학한 이후 진로를 어떻게 잡아야 할까? 첫 번째 가능성은 중국 내 외국 기업에 영어로 취업을 하든지, 영어를 기반으로 취업할 수 있는 아시아-유럽 지역으로 진출하는 길이다. 또 하나의 가능성은 영어권 국가 대학으로 편입을 하거나 학부 졸업 후 대학원을 가되 학비가 없거나 저렴한 나라를 선택하는 것이다. 앞서 설명을 했듯 유학생에게 학비를 받지 않거나 저렴한 곳은 유럽 국가들이다. 이들 나라 대학들은 많은 전공을 영어로 개설, 그 나라 언어를 배우지 않고도 석 · 박사 학위 취득이 가능하다.

중국 대학 1~2학년 학생은 학비가 저렴하고 교육의 질이 높은 미국 대학으로 편입을 고려할 수 있다. 2, 3학년으로 편입이 가능하다. 미국 대학 편입은 국내 대학과 달리 어렵지 않다. UC버클리 같은 경우 연간 3000명을 편입으로 받아들인다. 주립대학들의 경우 연간 1~2천 명이 편입으로 들어온다. 일부 대학의 경우 4학년 편입을 받아주는 곳도 있다. 물론 프랑스, 홍콩, 일본, 싱가포르 대학으로도 편입이 가능하다.

미국 대학으로 편입할 때 가장 필수적인 요소는 대학 학점과 영어 공인성적이다. 영어 공인성적은 대학마다 다르지만 토플 80점 이상, 아이엘츠는 6.5 이상이 필요하다. 명문 사립대학의 경우 토플 100점, 아이엘츠 7.0인 경우도 있다. 중국 대학의 우수한 성적과 함께 교수 추천서와 에세이도 필요하다. 에세이는 '왜 편입을 하는가' 하는 이유를 분명하게 담고 있어야 한다.

중국 대학의 3-4학년 학생이라면 영어권 대학 학부로 편입하기에는 다소 늦었다. 이 경우는 영어권 국가의 대학에 석사과정, 즉 대학원으로 입학할 수 있다. 미국 통계를 보면 석사를 졸업하고 취업한 학생과 학부 졸업생의 연봉 차이는 2만 달러였다. 해외 유학은 중국 대학 학부에서 배운 전공을 더 단단하게 다질 수 있는 기회다. 칭화대 학부에서 컴퓨터 사이언스를 전공했다면 미국이나 독일, 프랑스, 노르웨이 등 대학원에서 더 경쟁력을 높일 수 있다.

그럴 경우 중국 대학을 졸업하고 받는 연봉의 3-4배, 많게는 6-7배까지도 받을 수 있다. 대학원 석사 과정의 학비가 걱정된다면 유럽권 대학, 즉 독일 대학원이나 노르웨이 대학원으로 가면 된다. 학비가 없고 재학 중 공식적으로 일을 해서 생활비를 충당할 수 있다. 미국 대학의 석사과정으로 가도 경쟁력 있는 이공계의 경우 학비를 지원받을 수 있다. 이 경우에도 필요한 것은 역시 영어다. 지원조건(Requirement)은 대학마다 다르다. 그러나 기본적으로 학부 성적, 토플, GRE 혹은 GMAT, 학업 계획서, 교수 추천서 등이 필요하다.

꿈은 그 꿈을 향해 나아가는 사람의 것이다. 중국을 넘어 더 넓은 세계로 길을 열어라. 중국 대학만을 졸업해서는 길이 좁다. 후회는 아무리 일찍 해도 늦지만 늦었다고 생각할 때가 가장 빠른 법이다.

중국 유학, 이렇게 가면 망한다

2013년 876호 <주간 동아> "중국 유학 뜯어 말린다" 기사의 일부 내용을 옮긴다.

"(생략) 중국 대학을 무사히 졸업했다고 하더라도 졸업 후가 문제다. 중국 명문 대학을 우수한 성적으로 졸업한 이들도 좋은 직장 들어가기가 하늘의 별 따기다. 중국 대졸자 유학생 취업 현황을 정확히 추산하기는 어렵지만 대학들은 유학생 취업률을 10%로 보고 있다.

이렇듯 취업이 어려운 이유는 중국에 진출한 한국 기업이 대체로 한국에서 대학을 졸업한 중국인을 선호하기 때문이다. 한국 유학생은 중국인에 비해 상대적으로 중국 사정에 밝지 못하고 중국 내 인적 네트워크도 없으면서 급여 기대치는 높다는 게 기업들의 평가다. 이직이 잦은 점도 기업들이 한국 유학생을 꺼리는 이유다. 그래서 조선족이나 한국에서 유학을 마치고 돌아온 중국인을 선호한다. 취업난이 이렇게 심각하다 보니 베이징에서는 베이징대 한국학생회를 중심으로 여러 대학이 연합해 취업정보를 나누는가 하면 상하이에서는 한상회(한인회)와 무역협회 등이 취업 박람회를 열기도 한다.

중국에 들어와 있는 미국과 유럽 기업들도 한국인 졸업생보다는 중국인을 선호하기는 마찬가지다. 물론 영어 실력이 월등하다면 얘기가 달라진다. 어차피 중국 대학 졸업자 가운데 채용해야 하는 외국기업 처지에선 영어실력이 뛰어난 지원자를 선택할 수밖에 없기 때문이다. 중국 기업인들도 중국어를 잘하고 영어까지 잘하면 취업에 쉽게 성공할 수 있다고 조언한다. 상하이에서 취업 영어를 전문적으로 가르쳐온 H어학원 그레이스김은 "영어 잘하고 중국어까지 잘하는 한국인이라면 당연히 유리하다"면서 "영어 말하기를 제대로 가르쳐 외국 기업에 보내야 한다"고 말했다.

상하이에는 전 세계 유명 기업들이 거의 다 진출해 있으니 젊은이들에게는 절호의 기회가 아닐 수 없다. 실제로 H어학원 출신 유학생이 상하이에 있는 독일계 제약회사 바이엘, 홍콩 마카오 항공사, 바이킹 투자금융 등 여러 외국기업에 취업을 했다. 홍콩 마카오 항공사에 승무원으로 입사한 오미영 씨는 저장대 영문과 졸업을 앞둔 여름방학 한 달 동안 매일 영어 말하기를 집중 훈련했다고 한다. 윤현선 전 북경서울어학원 원장은 "취업 현장에서는 영어 실력을 포함한 인문학적 교양을 쌓은 사람이 우대를 받는다"고 말했다.

"한국 유학생이 학업을 성공적으로 마치려면 첫째도 둘째도 중국어 실력을 키워야 한다. 그런데 산 너머 산이라고 어렵게 학업을 마치고도 더 높은 장벽인 취업이 버티고 있다. 요즘은 영어 실력만이라도 완벽하게 다듬어 외국기업에 도전해 보려는 사람이 늘고 있다."(노은 재중국 작가)

필자는 길지만 〈주간 동아〉 기사 일부를 옮겼다. 중국에 공부하러 간 한국 유학생들의 고민과 고뇌, 현실을 잘 표현했기 때문이다. 〈주간 동아〉에서 언급했듯이 학생들의 3분의 1은 열심히 공부를 하고, 3분의 1은 보통 그저 그렇게, 그리고 3분의 1은 퇴학을 당한다. 그나마 열공해 졸업한 3분의 1 학생들도 취업하기가 어렵다.

그렇다면 '실패하는 중국 유학'을 '성공하는 중국 유학'으로 바꾸는 방법은 없을까? 두 가지 방법이 있다. 하나는 중국어가 아닌 영어로 중국 대학에 진학을 하는 것이다. 두 번째는 중국 대학에 중국어로 유학 온 학생들은 중국어와 함께 영어를 집중적으로 배워 외국 기업에 취업하는 것이다.

최근 중국어로 중국 대학에 진학한 학생들 가운데 영어 필요성을 절감해 방학 중 집중적으로 영어 연수를 받으려는 학생이 많다. 중국 유학생들 가운데 영어 실력만이라도 완벽하게 다듬어 외국기업에 취업을 하려는 학생들이 늘고 있다는 〈주간 동아〉 기자의 말이 현실화되고 있다. 기회는 만들어 가는 것이다. 중국 유학의 한계를 극복하기 위해서는 영어로 가든지, 대학 재학 중 중국어보다 더 많은 시간을 영어 연수에 투자해야 한다.

왜 일본 대학인가?

일본은 한국 학생들이 많이 가는 유학 대상국 4위 국가다. 일본은 최근까지 세계에서 두 번째로 경제규모가 큰 나라였다. 미국, 독일, 중국과 함께 R&D 규모에서 최강을 자랑하는 나라다. 동시에 초고속열차, 가라오케, 닌텐도, 라면, 우동의 고향이다. 일본 정부는 많은 세계 젊은이들을 일본 대학에 유치하기 위해 노력하고 있다. 2020년까지 30만 명의 유학생을 유치하는 것을 목표로 하고 있다. 이에 따라 일본 정부와 일본 대학들은 외국 학생들이 일본에서 공부하고 살아가는 데 불편하지 않도록 배려하고 대학 입학부터 졸업, 그리고 졸업 후 직장을 쉽게 구하도록 법과 제도는 물론 분위기를 조성하는 데 노력하고 있다.

일본 대학들은 정부의 지원 하에 영어과정 전공을 대거 개설했다. 이는 해외학생들을 유치하는 데 매우 큰 도움이 되고 있다. 일본 대학은 더 많은 국제학생들을 유치하기 위해 여러 가지 다른 계획들도 세웠다.

일본 대학들은 영어로 전공을 가르칠 수 있는 해외 거주 교수들과 대학 운영 스태프들을 대거 채용했다. 일본 정부는 여기에 많은 비용을 투입했다. 더불어 해외 대학 학생들이 일본 대학을 배우도록 여러 나라 대학들과 교환학생 교류협력을 체결했다.

일본의 생활비는 다른 나라들보다 비싸다. 비싼 생활비가 유학생 유치에 걸림돌로 작용할 것을 우려해 많은 대학들은 유학생들에게 많은 재정보조를 주고 있다. 문부과학성은 대학들이 주는 성적우수장학금뿐 아니라 다양한 보조금을 지급한다. 일본에는 약 780개의 대학이 있으며, 그 중 약 80%는 사립이다. 이외에도 직업학위를 제공하는 전문학교와 대학들이 있다. 현재 일본 대학들은 도약을 거듭해 세계랭킹에 진입하고 있다. 도쿄대는 QS 세계 대학 랭킹 공동 28위다. 교토대(공동 36위)와 도쿄공대(56위)가 바짝 뒤를 잇고 있다. 일본의 40개 대학이 세계 최고에 올랐다.

QS University Ranking 2018: Asia(Top 10)

2018 순위	2017순위	대학	국가
1	3	난양공과대학	싱가포르
2	1	싱가포르 국립대학	싱가포르
3	4	홍콩과학기술대학	홍콩
4	6	카이스트	한국
5	2	홍콩대	홍콩
6	5	칭화대	중국
7	11	푸단대	중국
8	7	홍콩성시대	홍콩
9	9	베이징대	중국
10	8	홍콩중문대	홍콩

QS Quacquarelli Symonds 2004-2017 https://www.TopUniversities.com

일본은 2009년부터 2014년까지 글로벌30(G30) 프로젝트를 통해 13개 대학을 지정하여 영어로 전공을 개설했다. G30 프로젝트는 일본 문부과학성 2012 Go Global 프로젝트를 기반으로 하고 있다. 또한 일본은 2014년부터 2023년까지 Top Global University Initiative를 만들어 일본 대학의 세계화를 추진 중이다. 일본 정부가 후원하는 이 프로젝트는 졸업생들이 글로벌 리더십의 자리에 오를 수 있도록 일본 대학들의 국제화를 앞당기는 것을 목표로 하고 있다. 그리고 일본 대학을 세계 랭킹의 정상에 올리고 외국인 교수진과 학생들을 유치하는 것을 목표로 하고 있다.

일본 정부의 야심찬 G30 프로젝트

유학은 일반적으로 그 나라 언어를 배워서 떠난다. 그런데 최근 이런 공식이 깨지고 있다. 세계가 글로벌화되면서 여러 나라 대학들이 영어로 전 과정을 공부할 수 있는 전공을 개설하고 있다. 일본은 선진국 가운데 영어가 안 통하는 대표적인 나라다. 국제화 수준이 낮다. 또한 언어 구조상 영어 발음이 어렵다. 그런 일본이 최근 달라지고 있다.

그동안 일본으로 유학을 가는 학생들의 대다수는 한자 문화권인 중국, 한국을 비롯해 아시아 국가 출신들이었다. 영어권에서 고등학교를 나온 학생들이 새롭게 일본어를 배워서 일본 대학에 유학을 간다는 것은 현실적으로 쉽지 않았다. 일본 정부는 이런 점을 고려해 영어권 유학생을 유치하기 위한 계획, 즉 G30 프로젝트를 구상했다.

그럼에도 일본 대학들의 국제화 수준은 여전히 미흡하다. G30 프로그램이 가동됐다고 하더라도 모든 전공을 영어로 개설한 것은 아니고 전공도 다양하지 않다. 인문사회 분야에서 개설된 전공들은 국제 교양, 일본 문화-사회 등이다. 공학, 자연과학 분야 전공도 독일 대학에 비해 다양하지 않다. 이런 단점에도 불구하고 장점도 많다. 유학생들은 대부분 대학 재학 중에 일본어를 배운다. 따라서 졸업 후 일본 취업이 가능하고 외국기업과 다른 나라로 취업이 가능하다.

일본 문부성 글로벌 30 프로그램에 선정된 대학(2009-14)

Tohoku University, University of Tsukuba, University of Tokyo, Nagoya University, Kyoto University, Osaka University, Kyushu University, Keio University, Sophia University, Meiji University, Waseda University, Doshisha University, Ritsumeikan University

Type A: All-university Programs	Type B: Special type
Hokkaido University Tohoku University Chiba University Ochanomizu University Akita International University International Christian University Chuo University Waseda University Doshisha University Kwansei Gakuin University Ritsumeikan Asia Pacific University.	University of Tsukuba Saitama University Tokyo Medical and Dental University Tokyo University of Marine Science and Technology Tokyo Institute of Technology Hitotsubashi University Niigata University University of Fukui Kobe University Tottori University Yamaguchi University Kyushu University Nagasaki University Aichi Prefectural University Yamaguchi Prefectural University The University of Kitakyushu Maebashi Kyoai Gakuen College Kanda University of International Studies Asia University Kyorin University Shibaura Institute of Technology Sophia University Showa Women's University Soka University Toyo University Hosei University Musashino Art University Meiji University Aichi University Kyoto Sangyo University Ritsumeikan University

G30 대학들은 크게 둘로 나누어진다. 사립대학과 국립대학이다. 일반적으로 와세다, 게이오 등 사립대학들은 주로 국제 교양, 경영, 일본학 등을 개설했고, 도쿄, 교토 등 국립대학들은 이공계 중심 전공으로 학위 프로그램을 개설하고 있다.

일본은 4월에 새로운 학기가 시작되지만 영어 프로그램인 국제학부의 경우 9월 입학이 원칙이다. 대학 또는 학부에 따라서 4월과 9월 모두 신입생을 모집하기도 한다. 지원 시기는 일반적으로 학기 시작 8개월 전부터다. 즉 이때부터 원서를 제출할 수 있다. 지원 시기는 각 대학교 홈페이지를 보는 것이 정확하다.

일본 대학의 국제학부 지원은 미국 대학이나 홍콩, 싱가포르에 비해 간단하다. 고등학교 성적증명서 혹은 졸업예정증명서가 필요하다. 영어로 수업을 듣기 때문에 영어 공인성적은 필수다. 토플이나 아이엘츠 중에서 선택하면 되고 종종 토익으로 대체되기도 한다. 미국 고등학교 출신들은 SAT, ACT 점수를 제출하기도 하나 필수적인 것은 아니다.

보통 서류 심사, 필기시험, 인터뷰 3가지를 모두 선발 요소로 사용하기도 하지만 선택적으로 활용한다. 대학에 따라서는 간단하게 서류 심사만으로 학생을 선발한다.

미국 대학에 비해 일본 대학들의 학비는 저렴하다. 그러나 학교마다 편차가 크다. 예를 들어 사립대학인 와세다대학의 경우 연간 1700만 원 정도다. 역시 사립대학인 게이오대학은 1600여만 원이 든다. 국립인 도쿄대학은 그 절반도 안 되는 580여만 원, 역시 국

대학	영어 학위 프로그램
도쿄대학	Japan in East Asia, Environmental Sciences
와세다대학	국제교양학부(SILS), 사회과학부 현대일본학(SSS), 정경학부 정치경제,국제정치경제코스(SPE), 이공학부(기간,선진,창조)
소피아대학	국제교양학부
ICU대학	Liberal Arts
메이지대학	국제일본학부
APU대학	아시아태평양학부, 국제매니지먼트학부
리츠메이칸대학	Global Studies, 지역정책전공
메이지가쿠인대학	국제커리어학부
도시샤대학	국제인스티튜트
게이오대학	환경정보학부, 종합정책학부, 경제학부
오사카대학	인간과학코스, 화학·생물학코스
요코하마국립대학	Creative-city studies
큐슈대학	Engineering, Bioresource and Bioenvironment
국제교양대학(AIU)	국제교양
호세대학	글로벌교양학부

립인 규슈대학도 비슷한 수준이다. 보통 사립대학은 1500만 원 이상, 국립은 500여만 원 수준으로 보면 된다.

부록

2018 ~ 2019년 National University Ranking

순위	학교명	소재지 (도시, 주)	학생수	학비	
				Tuition	R&B
1	Princeton University (NJ)	Princeton, NJ	5,402	$45,320	$14,770
2	Harvard College (MA)	Cambridge, MA	6,699	$47,074	$15,951
3	Yale University (CT)	New Haven, CT	5,532	$49,480	$15,170
3	Columbia University (NY)	New York, NY	6,102	$55,161	$13,244
3	University of Chicago (IL)	Chicago, IL	5,844	$52,491	$15,093
3	Massachusetts Institute of Technology (MA)	Cambridge, MA	4,527	$48,452	$14,210
7	Stanford University (CA)	Stanford, CA	6,999	$47,940	$14,601
8	Duke University (NC)	Durham, NC	6,639	$51,265	$14,438
8	University of Pennsylvania (PA)	Philadelphia, PA	9,726	$51,464	$14,536
10	JohnsHopkinsUniversity(MD)	Baltimore, MD	5,386	$50,910	$14,976
10	NorthwesternUniversity(IL)	Evanston, IL	9,001	$50,855	$15,489
12	California Institute of Technology (CA)	Pasadena, CA	1001	$47,577	$14,100
12	Dartmouth College (NH)	Hanover, NH	4,307	$51,438	$15,141
14	Brown University (RI)	Providence, RI	6,652	$51,366	$13,200
14	VanderbiltUniversity(TN)	Nashville, TN	6,883	$46,110	$14,962
16	Cornell University (NY)	Ithaca, NY	14,315	$50,953	$13,900
16	Rice University (TX)	Houston, TX	3,910	$43,918	$13,750
18	University of Notre Dame (IN)	Notre Dame, IN	8,462	$49,685	$14,358
19	University of California--Los Angeles (CA)	Los Angeles, CA	29,585	$39,489	$14,258
19	Washington University in St. Louis (MO)	St. Louis, MO	7,504	$49,770	$15,596
21	Emory University (GA)	Atlanta, GA	6,867	$47,954	$13,486
22	Georgetown University (DC)	Washington, DC	7,562	$50,547	$15,572
22	University of California - Berkeley (CA)	Berkeley, CA	27,496	$40,167	$15,115
22	University of Southern California (CA)	Los Angeles, CA	18,810	$52,283	$14,348
25	Carnegie Mellon University (PA)	Pittsburgh, PA	6,454	$52,310	$13,270
25	University of Virginia (VA)	Charlottesville, VA	16,736	$45,058	$10,726
27	Tufts University (MA)	Medford, MA	5,290	$52,430	$13,566
27	University of Michigan - Ann Arbor (MI)	Ann Arbor, MI	28,312	$45,410	$10,872
27	Wake Forest University (NC)	Winston-Salem, NC	4,871	$49,308	$13,404
30	New York University (NY)	New York, NY	25,722	$49,062	$17,578
30	University of California - Santa Barbara (CA)	Santa Barbara, CA	20,607	$40,696	$14,671
30	University of North Carolina - Chapel Hill (CA)	Chapel Hill, NC	18,415	$33,648	$10,902
33	University of California - Irvine (CA)	Irvine, CA	25,256	$39,988	$13,756
33	University of Rochester (NY)	Rochester, NY	6,304	$50,142	$14,890
35	Brandeis University (MA)	Waltham, MA	3,621	$51,548	$14,380
35	Georgia Institute of Technology (GA)	Atlanta, GA	15,142	$32,404	$11,088

2018~2019년 National University Ranking

순위	학교명	소재지 (도시, 주)	학생수	학비	
				Tuition	R&B
35	University of Florida (FL)	Gainesville, FL	35,043	$28,658	$9,650
38	Boston College (MA)	Chestnut Hill, MA	9,192	$51,296	$13,818
38	College of William and Mary (VA)	Williamsburg, VA	6,301	$41,718	$11,382
38	University of California - Davis (CA)	Davis, CA	28,384	$40,680	$13,561
41	University of California - San Diego (CA)	La Jolla, CA	23,850	$40,255	$10,976
42	Boston University (MA)	Boston, MA	17,932	$50,240	$14,870
42	Case Western Reserve University (OH)	Cleveland, OH	5,121	$46,006	$14,298
44	NortheasternUniversity(MA)	Boston, MA	17,990	$47,655	$15,600
44	Tulane University (LA)	New Orleans, LA	8,339	$51,010	$13,844
46	PepperdineUniversity(CA)	Malibu, CA	3,533	$50,022	$14,330
46	University of Georgia (GA)	Athens, GA	27,547	$29,844	$9,600
46	University of Illinois at Urbana-Champaign (IL)	Champaign, IL	33,368	$30,680	$11,308
49	Rensselaer Polytechnic Institute (NY)	Troy, NY	5,864	$50,797	$14,630
49	University of Texas - Austin (TX)	Austin, TX	39,619	$34,676	$11,456
49	University of Wisconsin - Madison (WI)	Madison, WI	31,662	$30,665	$8,804
53	Lehigh University (PA)	Bethlehem, PA	5,075	$48,320	$12,690
53	SyracuseUniversity(NY)	Syracuse, NY	15,196	$45,022	$15,217
53	University of Miami (FL)	Coral Gables, FL	11,123	$47,004	$13,310
56	Ohio State University - Columbus (OH)	Columbus, OH	45,289	$27,365	$11,666
56	Purdue University (IN)	West Lafayette, IN	29,497	$30,804	$10,030
56	Rutgers, the State University of New Jersey -	Piscataway, NJ	35,484	$29,521	$12,054
59	Penn State University - University Park (PA)	University Park, PA	40,742	$32,282	$11,860
59	Southern Methodist University (TX)	Dallas, TX	6,411	$50,358	$16,125
59	University of Washington (WA)	Seattle, WA	31,063	$34,143	$11,310
59	Worcester Polytechnic Institute (MA)	Worcester, MA	4,299	$46,994	$13,745
63	George Washington University (DC)	Washington, DC	11,157	$51,950	$12,500
63	University of Connecticut (CT)	Storrs, CT	18,826	$35,858	$12,436
63	University of Maryland - College Park (MD)	College Park, MD	27,443	$32,045	$11,398
66	Brigham Young University (UT)	Provo, UT	30,221	$5,300	$7,448
66	Clark University (MA)	Worcester, MA	2,397	$43,150	$8,450
66	Clemson University (SC)	Clemson, SC	18,016	$32,800	$8,718
66	Texas A&M University (TX)	College Station, TX	48,960	$30,208	$10,368
70	Fordham University (NY)	New York, NY	8,855	$49,073	$16,845
70	Stevens Institute of Technology (NJ)	Hoboken, NJ	2,976	$48,838	$13,500
70	University of Massachusetts-Amherst	Amherst, MA	23,388	$34,570	$13,202
70	UniversityofPittsburgh(PA)	Pittsburgh, PA	18,908	$29,758	$10,950

2018~2019년 National University Ranking

순위	학교명	소재지 (도시, 주)	학생수	학비	
				Tuition	R&B
76	University of Minnesota - Twin Cities (MN)	Minneapolis, MN	34,071	$23,806	$9,377
76	Virginia Tech (VA)	Blacksburg, VA	25,384	$29,975	$8,424
78	American University (DC)	Washington, DC	7,909	$44,853	$14,526
78	Baylor University (TX)	Waco, TX	14,189	$42,276	$11,754
80	Yeshiva University (NY)	New York, NY	2,744	$40,670	$12,135
85	Michigan State University (MI)	East lansing, MI	39,143	$37,890	$9,734
89	Indiana University--Bloomington (IN)	Bloomington, IN	38,364	$34,246	$10,040
89	University of Iowa (IA)	Iowa City, IA	23,357	$28,413	$10,108
89	Marquette University (WI)	Milwaukee, WI	8,334	$38,470	$11,440
96	MiamiUniversity--Oxford(OH)	Oxford, OH	16,387	$30,987	$11,644

- 출처: U.S. News & World Report

2018~2019년 Liberal Arts College Ranking

순위	학교명	소재지 (도시, 주)	학생수	학비	
				Tuition	R&B
1	Williams College	Williamstown, VA	2,061	$55,450	$14,500
2	Amherst College (MA)	Amherset, MA	1,836	$56,426	$14,740
3	SwarthmoreCollege(PA)	Swarthmore, PA	1,577	$52,588	$15,474
3	Wellesley College (MA) 여자	Wellesley, MA	2,508	$53,732	$16,468
5	Bowdoin College (ME)	Brunswick, ME	1,816	$53,922	$14,698
5	Carleton College (MN)	Northfield, MN	2,078	$54,759	$14,085
5	Middlebury College (VT)	Middlebury, VT	2,561	$54,450	$15,530
5	Pomona College (CA)	Claremont, CA	1,703	$52,780	$16,716
9	Claremont McKenna College (CA)	Claremont, CA	1,338	$54,405	$16,705
10	Davidson College (NC)	Davidson, NC	1,810	$51,447	$14,372
11	Grinnell College	Grinnell, IA	1,712	$52,392	$12,810
11	Haverford College	Haverford, PA	1,296	$54,592	$16,402
11	Smith College (MA) 여자	Northampton, MA	2,521	$52,404	$17,520
11	Vassar College	Poughkeepsie, NY	2,353	$56,960	$13,550
11	Washington and Lee University (VA)	Lexington, VA	1,827	$52,455	$13,925
16	Colgate University (NY)	Hamilton, NY	2,873	$55,870	$13,995
16	Hamilton College	Clinton, NY	1,897	$54,620	$13,870
18	Colby College (ME)	Waterville, ME	1,917	$55,210	$14,190
18	Harvey Mudd College (CA)	Claremont, CA	844	$56,876	$18,127
18	United States Military Academy (NY)	West Point, NY	4,491	N/A	N/A

2018 ~ 2019년 Liberal Arts College Ranking

순위	학교명	소재지 (도시, 주)	학생수	학비	
				Tuition	R&B
18	Wesleyan University	Middletown, CT	2,976	$54,614	$16,090
22	Bates College	Lewiston, ME	1,787	$53,794	$15,224
22	Soka University of America	Aliso Viejo, CA	412	$33,146	$12,530
22	United States Naval Academy	Annapolis, MD	4,495	N/A	N/A
25	Barnard College (여자)	New York, NY	2,604	$55,032	$17,225
25	University of Richmond	Univ. of Richmond, VA	3,194	$52,610	$12,250
27	Bryn Mawr College (여자)	Bryn Mawr, PA	1,334	$52,360	$16,500
27	Colorado College	Colorado Springs, CO	2,107	$55,470	$12,512
27	Macalester College	St. Paul, MN	2,136	$54,348	$12,156
30	Kenyon College	Gambier, OH	1,677	$55,930	$12,510
30	Mount Holyoke College (여자)	South Hadley, MA	2,210	$49,998	$14,660
30	Oberlin College	Oberlin, OH	2,827	$55,052	$16,338
30	Scripps College (여자)	Claremont, CA	1,059	$55,024	$16,932
30	United States Air Force Academy	USAF Academy, CO	4,276	N/A	N/A
35	College of the Holy Cross	Worcester, MA	3,051	$52,770	$14,520
36	Bucknell University	Lewisburg, PA	3,611	$56,092	$13,662
36	Franklin & Marshall College	Lancaster, PA	2,283	$56,550	$14,050
36	Lafayette College	Easton, PA	2,594	$52,880	$15,640
39	Occidental College	Los Angeles, CA	2,055	$54,686	$15,496
39	Union College	Schenectady, NY	2,267	$55,290	$13,563
41	Pitzer College	Claremont, CA	1,112	$52,236	$16,264
41	Skidmore College	Saratoga Springs, NY	2,680	$54,270	$14,494
43	Denison University	Granville, OH	2,341	$51,960	$12,710
43	Thomas Aquinas College	Santa Paula, CA	370	$25,000	$8,400
43	Whitman College	Walla Walla, WA	1,510	$51,764	$13,174
46	Centre College	Danville, KY	1,450	$41,700	$10,480
46	Connecticut College	New London, CT	1,817	$54,820	$15,150
46	Trinity College	Hartford, CT	2,221	$56,910	$14,750
49	Gettysburg College	Gettysburg, PA	2,409	$54,480	$13,010
49	Sewanee--University of the South	Sewanee, TN	1,702	$45,120	$12,880
51	Agnes Scott College (여자)	Decatur, GA	921	$41,160	$12,330
51	Dickinson College	Charlisle, PA	2,382	$54,636	$13,698
51	Furman University	Greenville, SC	2,746	$49,532	$12,712
51	Rhodes College	Memphis, TN	1,988	$47,890	$11,403
51	Spelman College (여자)	Atlanta, GA	2,137	$29,064	$13,865
56	Bard College	Annandale on Hudson, NY	1,930	$54,680	$15,488
56	DePauw University	Greencastle, IN	2,158	$49,704	$13,020

2018 ~ 2019년 Liberal Arts College Ranking

순위	학교명	소재지 (도시, 주)	학생수	학비	
				Tuition	R&B
56	Lawrence University	Appleton, WI	1,473	$47,475	$10,341
56	St. Lawrence University	Canton, NY	2,414	$54,846	$14,134
56	Wabash College (남자)	Crawfordsville, IN	564	$43,650	$10,050
61	Berea College	Berea, KY	1,670	$560	$6,764
61	St. John's College--Annapolis	Annapolis, MD	458	$53,218	$12,602
61	St. Olaf College	Northfield, MN	3,035	$47,840	$10,850
61	Wheaton College	Wheaton, IL	2,391	$36,420	$10,180
65	Kalamazoo College	Kalamazoo, MI	1,436	$48,516	$9,756
65	Sarah Lawrence College	Bronxville, NY	1,399	$55,900	$15,370
67	College of Wooster	Wooster, OH	1,980	$50,250	$11,850
68	Beloit College	Beloit, WI	1,402	$50,040	$8,830
68	Hobart and William Smith Colleges	Geneva, NY	2,237	$55,255	$14,035
68	Knox College	Galesburg, IL	1,356	$46,554	$9,870
68	Lewis & Clark College	Portland, OR	2,106	$50,934	$12,490
72	Illinois Wesleyan University	Bloomington, IL	1,649	$47,636	$10,984
72	St. John's College--Santa Fe	Santa Fe, NM	322	$53,218	$12,148
72	University of Puget Sound	Tacoma, WA	2,413	$49,776	$12,540
72	Wofford College	Spartanburg, SC	1,592	$43,845	$12,685
76	Allegheny College	Meadville, PA	1,802	$47,540	$12,140
76	Hendrix College	Conway, AR	1,238	$45,790	$12,284
76	Hillsdale College	Hillsdale, MI	1,512	$27,577	$11,000
76	Transylvania University	Lexington, KY	963	$38,750	$10,820
76	Willamette University	Salem, OR	1,950	$50,074	$12,440
81	Cornell College	Mount Vernon, IA	1,006	$42,299	$9,384
81	Earlham College	Richmond, IN	1,060	$46,450	$10,400
81	Muhlenberg College	Allentown, PA	2,367	$52,595	$11,765
81	Principia College	Elsah, IL	455	$29,470	$11,610
81	Virginia Military Institute	Lexington, VA	1,722	$45,706	$9,482
86	College of St. Benedict	St. Joseph, MN	1,937	$45,264	$10,904
86	Juniata College	Huntingdon, PA	1,485	$45,597	$12,521
86	Wheaton College--Norton	Norton, MA	1,688	$52,626	$13,424
89	Luther College	Decorah, IA	2,053	$42,290	$9,460
90	Gustavus Adolphus College	St. Peter, MN	2,201	$45,100	$9,910
90	New College of Florida	Sarasota, FL	835	$29,944	$9,370
90	Reed College	Portland, OR	N/A	$54,200	$13,670
96	Southwestern University	Georgetown, TX	1,387	$42,000	$12,000
90	Ursinus College	Collegeville, PA	1,507	$52,050	$12,750

2018 ~ 2019년 Liberal Arts College Ranking

순위	학교명	소재지 (도시, 주)	학생수	학비	
				Tuition	R&B
95	Ohio Wesleyan University	Delaware, OH	1,565	$45,760	$12,430
103	Austin College	Sherman, TX	1,223	$39,985	$12,527
103	Hope College	Holland, MI	3,150	$34,010	$10,310
108	Millsaps College	Jackson, MS	807	$39,910	$13,730
116	Goucher College	Baltimore, MD	1,455	$44,300	$14,506
116	Marlboro College	Marlboro, VT	183	$40,840	$12,348
124	McDaniel College	Westminster, MD	1,577	$43,260	$11,430
131	Birmingham-Southern College	Birmingham, AL	1,283	$17,650	$12,050
135	Eckerd College	St. Petersburg, FL	1,957	$44,540	$12,588
155	Hiram College	Hiram, OH	1,210	$36,358	$10,290
162	Emory and Henry College	Emory, VA	1,000	$35,135	$12,533
168	Guilford College	Greensboro, NC	1,674	$36,965	$11,200

- 출처: U.S. News & World Report

2018 포브스 랭킹

#1	Harvard University	Massachusetts	$69,600	Private not-for-profit	$48,195
#2	Yale University	Connecticut	$71,290	Private not-for-profit	$48,126
#3	Stanford University	California	$69,109	Private not-for-profit	$47,782
#4	Massachusetts Institute of Technology	Massachusetts	$67,430	Private not-for-profit	$41,674
#5	Princeton University	New Jersey	$66,150	Private not-for-profit	$44,128
#6	California Institute of Technology	California	$68,901	Private not-for-profit	$36,632
#7	University of Pennsylvania	Pennsylvania	$71,715	Private not-for-profit	$43,856
#8	Brown University	Rhode Island	$71,050	Private not-for-profit	$40,116

#9	Dartmouth College	New Hampshire	$71,827	Private not-for-profit	$45,867
#10	Duke University	North Carolina	$71,764	Private not-for-profit	$47,055
#11	Williams College	Massachusetts	$70,650	Private not-for-profit	$48,073
#12	Georgetown University	District of Columbia	$71,580	Private not-for-profit	$40,346
#13	Cornell University	New York	$70,321	Private not-for-profit	$35,445
#14	University of California, Berkeley	California	$65,003	Public	$18,541
#15	Columbia University	New York	$74,199	Private not-for-profit	$46,127
#16	Amherst College	Massachusetts	$71,300	Private not-for-profit	$47,517
#17	Bowdoin College	Maine	$68,070	Private not-for-profit	$38,552
#18	University of Chicago	Illinois	$75,735	Private not-for-profit	$39,032
#19	Pomona College	California	$69,725	Private not-for-profit	$46,730
#20	Northwestern University	Illinois	$72,980	Private not-for-profit	$38,593
#21	University of Notre Dame	Indiana	$69,395	Private not-for-profit	$38,080
#22	University of Michigan, Ann Arbor	Michigan	$62,176	Public	$16,865
#23	Harvey Mudd College	California	$74,428	Private not-for-profit	$33,895
#24	Swarthmore College	Pennsylvania	$68,846	Private not-for-profit	$44,722

#25	Johns Hopkins University	Maryland	$69,863	Private not-for-profit	$38,083
#26	Claremont McKenna College	California	$71,745	Private not-for-profit	$35,798
#27	United States Military Academy	New York	[COST]	Public	-
#28	Rice University	Texas	$63,158	Private not-for-profit	$36,192
#29	Bates College	Maine	$68,870	Private not-for-profit	$40,535
#30	University of Southern California	California	$72,209	Private not-for-profit	$34,145
#31	United States Naval Academy	Maryland	[COST]	Public	-
#32	Vanderbilt University	Tennessee	$67,392	Private not-for-profit	$40,382
#33	Tufts University	Massachusetts	$70,600	Private not-for-profit	$37,747
#34	University of Virginia	Virginia	$62,633	Public	$19,017
#35	Washington University in St. Louis	Missouri	$71,975	Private not-for-profit	$38,927
#36	Middlebury College	Vermont	$69,464	Private not-for-profit	$42,019
#37	Wesleyan University	Connecticut	$69,935	Private not-for-profit	$44,953
#38	Haverford College	Pennsylvania	$71,614	Private not-for-profit	$45,504
#39	Washington and Lee University	Virginia	$65,950	Private not-for-profit	$38,483
#40	United States Air Force Academy	Colorado	[COST]	Public	-

#41	Davidson College	North Carolina	$66,678	Private not-for-profit	$34,997
#42	Carnegie Mellon University	Pennsylvania	$70,094	Private not-for-profit	$30,614
#43	College of William & Mary	Virginia	$59,012	Public	$17,928
#44	Wellesley College	Massachusetts	$69,034	Private not-for-profit	$43,340
#45	Colgate University	New York	$69,860	Private not-for-profit	$42,337
#46	University of California, Los Angeles	California	$61,915	Public	$19,693
#41	Davidson College	North Carolina	$66,678	Private not-for-profit	$34,997
#42	Carnegie Mellon University	Pennsylvania	$70,094	Private not-for-profit	$30,614
#43	College of William & Mary	Virginia	$59,012	Public	$17,928
#44	Wellesley College	Massachusetts	$69,034	Private not-for-profit	$43,340
#45	Colgate University	New York	$69,860	Private not-for-profit	$42,337
#46	University of California, Los Angeles	California	$61,915	Public	$19,693
#47	University of North Carolina, Chapel Hill	North Carolina	$51,152	Public	$17,758
#48	New York University	New York	$71,790	Private not-for-profit	$32,505
#49	Carleton College	Minnesota	$68,835	Private not-for-profit	$35,833
#50	Boston College	Massachusetts	$70,588	Private not-for-profit	$38,399

#51	Vassar College	New York	$70,370	Private not-for-profit	$43,547
#52	Emory University	Georgia	$66,950	Private not-for-profit	$38,254
#53	Cooper Union	New York	$65,045	Private not-for-profit	$24,870
#54	Kenyon College	Ohio	$69,180	Private not-for-profit	$36,168
#55	United States Coast Guard Academy	Connecticut	[COST]	Public	-
#56	University of Illinois, Urbana-Champaign	Illinois	$46,202	Public	$12,921

#51	Vassar College	New York	$70,370	Private not-for-profit	$43,547
#52	Emory University	Georgia	$66,950	Private not-for-profit	$38,254
#53	Cooper Union	New York	$65,045	Private not-for-profit	$24,870
#54	Kenyon College	Ohio	$69,180	Private not-for-profit	$36,168
#55	United States Coast Guard Academy	Connecticut	[COST]	Public	-
#56	University of Illinois, Urbana-Champaign	Illinois	$46,202	Public	$12,921

#57	Barnard College	New York	$71,282	Private not-for-profit	$42,345
#58	Lafayette College	Pennsylvania	$68,640	Private not-for-profit	$37,472
#59	College of the Holy Cross	Massachusetts	$66,220	Private not-for-profit	$34,482
#60	Hamilton College	New York	$67,670	Private not-for-profit	$39,473

#61	University of Maryland, College Park	Maryland	$49,698	Public	$9,206
#62	Wake Forest University	North Carolina	$69,130	Private not-for-profit	$40,596
#63	Scripps College	California	$71,060	Private not-for-profit	$28,200
#64	Babson College	Massachusetts	$68,432	Private not-for-profit	$37,159
#65	Grinnell College	Iowa	$66,214	Private not-for-profit	$31,088
#66	Oberlin College	Ohio	$71,330	Private not-for-profit	$24,765
#67	Lehigh University	Pennsylvania	$65,925	Private not-for-profit	$32,913
#68	University of Florida	Florida	$43,409	Public	$6,379
#69	Pitzer College	California	$70,500	Private not-for-profit	$40,359
#70	Villanova University	Pennsylvania	$68,231	Private not-for-profit	$29,321
#71	United States Merchant Marine Academy	New York	$8,646	Public	$3,894
#72	University of Washington, Seattle	Washington	$51,159	Public	$13,126
#73	Bucknell University	Pennsylvania	$70,125	Private not-for-profit	$31,011
#74	University of Texas, Austin	Texas	$51,786	Public	$11,021
#75	University of Wisconsin, Madison	Wisconsin	$49,885	Public	$6,461
#76	Santa Clara University	California	$69,439	Private not-for-profit	$25,569

#77	Bryn Mawr College	Pennsylvania	$68,410	Private not-for-profit	$32,090
#78	Boston University	Massachusetts	$70,302	Private not-for-profit	$34,255
#79	Smith College	Massachusetts	$69,563	Private not-for-profit	$40,225
#80	Colby College	Maine	$68,582	Private not-for-profit	$42,298
#81	University of California, San Diego	California	$60,177	Public	$17,303
#82	Whitman College	Washington	$64,504	Private not-for-profit	$25,630
#83	University of Rochester	New York	$70,108	Private not-for-profit	$31,194
#84	Colorado College	Colorado	$68,616	Private not-for-profit	$39,788
#85	University of California, Santa Barbara	California	$64,125	Public	$20,774
#86	Brigham Young University	Utah	$18,370	Private not-for-profit	$4,589
#87	Macalester College	Minnesota	$66,280	Private not-for-profit	$33,325
#88	Georgia Institute of Technology	Georgia	$49,366	Public	$11,835
#89	Trinity College (CT)	Connecticut	$71,470	Private not-for-profit	$43,006
#90	George Washington University	District of Columbia	$69,368	Private not-for-profit	$25,674
#91	Reed College	Oregon	$69,820	Private not-for-profit	$36,597
#92	Franklin and Marshall College	Pennsylvania	$70,430	Private not-for-profit	$42,424

#93	University of Richmond	Virginia	$64,890	Private not-for-profit	$38,849
#94	University of California, Davis	California	$63,743	Public	$18,523
#95	Case Western Reserve University	Ohio	$65,384	Private not-for-profit	$28,253
#96	University of California, Irvine	California	$61,872	Public	$18,506
#97	Brandeis University	Massachusetts	$70,943	Private not-for-profit	$33,806
#98	DePauw University	Indiana	$62,567	Private not-for-profit	$27,615
#99	Yeshiva University	New York	$60,525	Private not-for-profit	$26,387
#100	University of Miami (FL)	Florida	$66,274	Private not-for-profit	$22,921

College Admission Glossary
대학 입학 용어 해설

'Transcript은 무엇입니까? Early Action과 Early Decision의 차이가 무엇입니까?' 학생들은 미국 대학에 지원하다 보면 생소한 용어들을 접하게 된다. 그런데 대학 지원할 때 알아야 할 정보들을 이해하기 위해서는 생소한 용어의 뜻을 알아야 한다. 아래 목록은 대학 입학 정보의 이해를 돕기 위해 꼭 필요한 용어들을 풀이한 것이다.

ACT (American College Testing)

SAT와 더불어 미국의 표준 대학 입학 시험 가운데 하나다. 영어, 수학, 독해 및 과학의 네 가지 주요 섹션과 선택적 에세이 섹션이 있다. 각 섹션 별로 만점은 36점이며 종합 점수는 4과목 평균 점수로 환산을 한다.

Admission Test

대학 입학 시험으로도 알려져 있는 이 시험은 학생들의 능력을 측정하고 학생들이 대학 수준의 학업에 얼마나 준비가 되어 있는지를 알아보기 위해 만들어졌다. ACT와 College Board의 SAT는 미국에서 사용되는 두 가지의 표준화된 대학 입학 시험이다. 표준화 된 이라는 말은 시험을 치르는 모든 학생들이 동일한 방식으로 동일한 시험을 본다는 뜻이다. 즉, 한국의 대학수학능력시험과 같다.

Articulation Agreement

2년제 대학과 4년제 대학이 서로 학점을 양도하기 위해 맺은 협약이다. 학위 과정에 포함되는 과목들과 학점을 받기 위해 학생들이 획득해야 할 성적이 명시되어 있다.

Class Rank

학생의 학업 성취도를 상대 평가하여 나타낸 것이다. 이는 학생의 성적과 이수한 과정의 난이도를 고려한 가중 평점을 사용하여 결정된다.

Common Application과 함께 미국 대학에 원서를 제출할 수 있는 플랫홈이다. 정식 명칭은 The Coalition for Access, Affordability, and Success (접근성, 지원성 및 성공을 위한 연합) 이다. 표준 지원서를 사용하여 이 플랫홈에 가입된 연합 회원인 90개 이상의 대학들에 지원할 수 있다.

College Application Essay

대학 지원서 중 하나로 학생들이 작성하여 제출해야 한다. 학생들에게 특정 질문에 대한 답변을 요구하는 대학이 있는가 하면, 학생들에게 자기 자신에 대한 글을 쓰라고 하는 대학도 있다. 대학들은 이것을 Personal Statement (자기소개서) 라고 부르기도 한다.

College Credit

대학 과정을 잘 마치면 credit(학점)을 얻을 수 있다. 학위를 취득하기 위해서는 일정한 학점을 획득해야 한다. 또한 대학들은 College Board의 AP Program 및 CLEP에서 제공하는 시험 점수를 인정할 수도 있다.

Common Application

The Common Application Association 회원인 대학들이 받아주는 표준 지원서다. 이 표준 지원서를 한 번 작성하면 이를 받아주는 700여개 대학들 중 하나 또는 여러 곳에 제출할 수 있다.

Deferred Admission

대학 합격 후 학생의 입학 등록을 연기해도 된다는 허가서다. 보통 최대 1년까지 연기할 수 있다.

Early Action (EA)

지원서를 정시 마감일 전에 제출할 수 있는 조기 전형이다. EA로 지원할 경우, 학생은 대학으로부터 평소보다 일찍 합격 결과를 받게 된다. EA는 대학으로부터 구속되지 않아 EA로 대학에 합격하더라도 등록할 필요가 없다. 일부 대학들은 EAII 옵션이 있고, 일반 EA전형보다 마감일이 늦다.

Early Decision (ED)

정시 마감일 전에 첫 번째로 선택한 대학에 지원서를 제출할 수 있는 조기 전형이다. ED로 지원할 경우, 학생은 대학으로부터 평소보다 일찍 합격 결과를 받게 된다. 그런데 ED는 EA와 달리 대학으로부터 구속된다. 학생은 ED로 지원한 대학에 합격하고 필요에 맞는 재정지원을 제공받으면 즉시 등록해야 한다. 일부 대학들은 EDII 옵션이 있으며, 일반 ED 전형보다 마감일이 늦다.

Financial Aid

대학 학비 납부를 돕기 위해 학생들에게 지원하거나 빌려주는 돈이다. 재정 보조는 연방 및 주 정부, 대학 및 사설 기관에서 제공한다.

Grade Point Average (GPA)

전체 학업 성취도를 보여 주는 수치이다. 이는 학생이 받은 각 성적에 점수 가치를 배정하여 계산된다.

Legacy Applicant

지원하는 대학을 졸업한 친척(일반적으로 부모 또는 조부모)이 있는 대학 지원자를 일컫는다. 일부 대학들은 이런 지원자들을 선호하기도 한다.

Need-Blind Admission

학생들의 재정 상황을 고려하지 않고 입학 결정을 내리는 정책이다. 해당 정책을 사용하는 대학들은 학생들의 필요를 충족시키기에 충분한 재정 지원을 제공하지 못 할 수 있다.

Open Admission

정원이 채워질 때까지 고등학교 졸업자 성적에 관계없이 신입생을 받아들이는 정책이다. 거의 모든 2년제 커뮤니티 대학들은 해당 정책을 시행한다. 그러나 해당 정책을 시행하는 대학이라도 특정 프로그램은 입학 요구 사항이 있을 수 있다.

Placement Test

대학 과정 이수에 필요한 학업 능력을 측정하는 시험이다. 이는 독해, 작문, 수학 그리고 때때로 다른 과목들을 본다. 시험의 결과는 학생이 어떤 과목을 준비하고 있는지와 보충 수업으로부터 혜택을 받을 수 있는지 여부를 결정하는 데 도움이 된다.

Priority Date or Deadline

대학 지원서 제출 마감일이다. 대학들은 입학 심사, 학생 기숙사, 또는 재정 지원 등에 대해 고려하기 위해 학생들의 지원서를 미리 받는다.

Registrar

학생 등록을 담당하는 대학 관계자다. 담당자는 기록을 영구 보관하고 학생 파일들을 관리할 책임이 있다.

Rolling Admission

지원 마감일을 정하여 지원서를 일괄적으로 검토하는 것이 아니라 지원자의 필요 정보(예: 고등학교 성적 및 시험 성적)를 받은 즉시 개별로 지원서를 심사하는 입학 정책이다. 해당 입시 정책을 사용하는 대학들은 보통 지원자에게 입학 결정을 신속하게 통보한다.

SAT (Scholastic Aptitude Test)

College Board의 표준화된 대학 입학 시험이다. 세 개의 주요 섹션인 수학, 독해, 작문으로 구성되어 있으며 에세이를 포함한다.

SAT Subject Test

영어, 역사, 수학, 과학, 언어 등 특정 과목의 성취도를 측정하기 위한 1시간 분량의 주제 기반 대학 입학 시험이다. 일부 대학들은 해당 시험을 통해 학생들의 입학을 결정할 뿐만 아니라 적절한 강의에 배치한다. 시험 성적에 따라 기본 요구 사항을 충족할 수 있고 또는 입문 과정 강의에 대한 학점을 취득할 수도 있다.

Sophomore Standing

2학년을 일컫는다. 대학은 강의, 시험 또는 다른 프로그램을 통해 대학 학점을 취득한 신입생에게 2학년을 부여할 수 있다.

Transcript

학생의 학업 공식 기록(성적 증명서)이다. 고등학교 성적 증명서는 대개 대학 입학 심사 및 재정 보조 패키지에 필요하다.

Transfer Student

다른 대학에 다니다가 새로운 대학에 편입하는 학생이다.

Undergraduate

준학사 또는 학사 학위를 공부하는 대학생을 일컫는다.

Universal College Application

Universal College Application 회원인 모든 대학에서 받아주는 표준 지원서다. 해당 지원서를 한 번 작성하면 이를 받아주는 3,044개 이상의 대학들 중 하나 또는 여러 곳에 제출 할 수 있다.

Waiting List

지원 미달자가 생기면 대학에 등록할 수 있는 대기자 명단이다. 대학들은 합격시킨 모든 학생들의 등록을 기다렸다가 만약 학생들이 등록하지 않아 미달자가 생기면, 대기자 명단에 있는 학생들로 정원을 채운다.

Weighted Grade Point Average (Weighted GPA)

더 어려운 수업의 성적에 더 높은 점수 값을 부여하여 계산된 평균 학점이다. 예를 들어, 일부 고등 학교에서는 AP수업에서 받은 A에 표준점수 4.0 대신 5.0을 부여한다.

가난한 아빠, 세계 명문대 학부모 되기

초판 1쇄 2018년 12월 14일
2쇄 2020년 7월 14일

지 은 이 _ 이강렬
펴 낸 곳 _ edu북스
펴 낸 이 _ 김영미
책임편집 _ 김성원
편 집 _ 변지애
디 자 인 _ 서재형

등록번호 _ 제2018-000054호
등록일자 _ 2018년 4월 11일

주 소 _ 서울시 강남구 선릉로 604 호산프라자 305호
전 화 _ 02)780-0262, 1577-6683
이 메 일 _ tepikr@gmail.com
I S B N 979-11-965376-0-9(03300)